O Brasil pode ser um país de leitores?

Dados Internacionais de Catalogação na Publicação (CIP)
(Câmara Brasileira do Livro, SP, Brasil)

Lindoso, Felipe
O Brasil pode ser um país de leitores? : política para a cultura / política para o livro / Felipe Lindoso. – São Paulo : Summus, 2004.

ISBN 85-323-0860-0

1. Editoração 2. Editores e indústria editorial – Brasil – História 3. Livros – Brasil 4. Livros – Indústria e comércio – Brasil 5. Livros e leitura 6. Política cultural – Brasil I. Título.

04-1554   CDD-070.50981

Índices para catálogo sistemático:

1. Brasil : Livros : Política editorial : Indústria editorial   070.50981

1. Brasil : Política cultural e editoração de livros : Indústria editorial   070.50981

EDITORA AFILIADA

Compre em lugar de fotocopiar.
Cada real que você dá por um livro recompensa seus autores
e os convida a produzir mais sobre o tema;
incentiva seus editores a traduzir, encomendar e publicar
outras obras sobre o assunto;
e paga aos livreiros por estocar e levar até você livros
para a sua informação e o seu entretenimento.
Cada real que você dá pela fotocópia não autorizada de um livro
financia o crime
e ajuda a matar a produção intelectual.

Felipe Lindoso

O Brasil pode ser um país de leitores?
Política para a cultura / Política para o livro

———————————————

summus editorial

O BRASIL PODE SER UM PAÍS DE LEITORES?
Política para a cultura / Política para o livro
Copyright © 2004 by Felipe Lindoso
Direitos desta edição reservados por Summus Editorial

Assistência editorial: **Soraia Bini Cury**
Assistência de produção: **Claudia Agnelli**
Projeto gráfico e capa: **BVDA – Brasil Verde**
Ilustração da Capa: **Carlo Zuffellato e Paulo Humberto L. de Almeida**
Editoração eletrônica: **Acqua Estúdio Gráfico**

Summus Editorial
Rua Itapicuru, 613 – 7º andar
05006-000 – São Paulo – SP
Fone: (11) 3872-3322
Fax: (11) 3872-7476
http://www.summus.com.br
e-mail: summus@summus.com.br

Atendimento ao consumidor:
Summus Editorial
Fone: (11) 3865-9890

Vendas por atacado
Fone: (11) 3873-8638
Fax: (11) 3873-7085
e-mail: vendas@summus.com.br

Impresso no Brasil

*Para Rodrigo Montoya e Moacir Palmeira,
por me ensinarem antropologia.*

Para Maria José, por tudo.

Sumário

APRESENTAÇÃO – Sérgio Machado … 9

INTRODUÇÃO … 15

PARTE I – Política da cultura

Do rei aos príncipes patrocinadores: a política cultural no Brasil na prática … 21

Por uma política cultural republicana e democrática … 31

PARTE II – O livro e a política cultural

A indústria editorial no Brasil no século XX … 55
   O Brasil e a indústria editorial na virada do século XIX ao XX … 56
   São Paulo como novo eixo editorial … 65
   A edição no Rio … 79
   A edição no Rio Grande do Sul … 85
   A edição nas décadas de 1940/1950 … 87
   A grande transformação do livro didático … 92
   O final dos anos de 1990 e o começo do século XXI … 97
   Perspectivas … 107

Impasses do mercado editorial brasileiro | 109
Administração e capitalização | 110
Distribuição | 121
Bibliotecas públicas | 132

Os programas federais de aquisição de livros | 139
O Ministério da Educação | 141
Conclusões sobre o PNBE | 162
O Ministério da Cultura | 166
Conclusões gerais | 171

O fomento ao livro nas estruturas governamentais | 173
Recursos e meios | 184

PARTE III – Globalização e cultura

Diversidade cultural e globalização da indústria editorial | 189
Diversidade cultural e comércio internacional | 193
Tecnologias de informação e o acesso ao conhecimento | 204
Informação para todos: a tecnologia de base | 212

A divulgação da literatura infantil brasileira no exterior | 217

Apresentação

A construção do **Estado-nação moderno**, substituindo o modelo tribal-religioso, revelou-se uma poderosa forma de desenvolvimento político-social. Aperfeiçoado a partir do século XIX, o conceito moderno de nação, apesar dos excessos que redundaram em desastres como o nazismo, permitiu à humanidade conseguir grande progresso científico e econômico, em relativamente pouco espaço de tempo. Enfim, demonstrou ser uma forma eficaz de organizar os povos, dividir trabalhos e otimizar resultados econômicos.

A criação das nações se baseia no fortalecimento de seus símbolos nacionais como instrumento de identificação e união dos povos habitantes de determinado espaço geográfico, por meio da valorização de suas culturas. O Brasil é, talvez, na América Latina, o exemplo mais bem-sucedido de nação com forte sentimento de identificação, fruto de uma cultura rica e variada.

Neste livro, Felipe Lindoso reflete sobre a evolução, seja consciente, seja intuitiva, do processo da formação da nossa nacionalidade, visto, sobretudo, do ponto de vista editorial. Efetivamente, como lembrou Lionel Jospin, então primeiro-ministro da França, ao receber a delegação de editores brasileiros no Salão do Livro de Paris em 1998 – quando o Brasil era o país homenageado –, o livro é um dos pilares na construção da civilização ocidental, tijolo na construção do edifício da nacionalidade. Naquela oportunidade, a delegação brasileira ficou impressionada com a importância de Estado que as atividades editorial e livreira possuíam na França. A importância era tanta que o Salão de Paris, diferentemente das bienais no Brasil, sempre ignoradas pelos nossos primeiros mandatários, era aberto pelo presidente da República e homenageado com recepções do primeiro-ministro e do prefeito de Paris. A França tem uma forte política de apoio ao livro e à leitura, considerada estratégica para seu desenvolvimento nacional.

Lindoso lembra que as artes em geral, e a literatura entre elas, sempre contaram com o apoio do Estado como mecenas. Antes mesmo da criação do conceito de nação, o soberano apoiava os artistas, inclusive os escritores. Bolsas, sinecuras ou um emprego na corte foram as primeiras formas de extração de valor da obra cultural ou artística. Ainda hoje, são muito usadas, junto com os prêmios literários em moeda, para incentivar e remunerar a criação artística.

No Brasil, o Estado-mecenas foi muito eficiente e positivo na época do Império. Aqui, como na Europa, o que contava era seu valor social. Com o advento da Revolução Industrial e a invenção de mecanismos de reprodução mecânica, primeiro na imprensa de Gutenberg, depois com a gravação sonora e a de imagens no cinema (ou vídeo), possibilitam-se novas formas de remunerar a criação artístico-literária. Amplia-se, também, o público-alvo para o produto cultural.

O papel do editor (ou do produtor cultural) é justamente otimizar esse processo, procurando identificar o gosto do consumidor e selecionar a seu critério o que vai ser "consumido" pelo mercado (leitor, no caso editorial), adequando tiragem, formato, acabamento e preço, encontrando, enfim, o *marketing* mais eficaz para cada obra literária. Exerce, assim, o papel de *market-maker*, encomendando obras, adquirindo direitos e remunerando autores, promovendo e divulgando os escritores, criando estruturas de distribuição, viabilizando o mercado.

São muito recentes as políticas culturais que procuram ver o problema não apenas da ótica do criador, mas de todo o mercado, aí incluindo desde a produção industrial, divulgação, distribuição até os consumidores, o que, no caso do livro, envolve a questão do hábito de leitura. Não se pode conceber uma política cultural integrada que não leve em conta todas essas vertentes.

Evidentemente, uma política cultural não-elitista será aquela que incorporar a classe média no processo da leitura, pois é a classe média que constitui a base do mercado de massa. Parte dos leitores de livros de auto-ajuda, *best-sellers* ou esotéricos vai migrar depois para a literatura ou biografia. O importante é valorizar a leitura. Em todos os momentos em que a classe média brasileira tem aumento de renda (como aconteceu nos planos Cruzado e Real), a resposta no consumo de livros é imediata, e vice-versa, quando as condições econômicas deterioram.

Luciana Villas-Boas, jornalista e diretora editorial da Editora Record, em artigo na revista *Bravo!*, atribui a crise do livro no Brasil à baixa qualidade da educação promovida durante a ditadura militar, mas reconhece a evolução do mercado livreiro no país apesar da "ascensão social de uma *lumpenburguesia*". Sem desprezar ser a educação fator importantíssimo na criação de mercado, a renda tem efeitos mais diretos sobre a motivação da leitura. A crise brasileira durante as últimas eleições, com o ajuste macroeconômico que se seguiu, afetou em muito as vendas de livros, como Lindoso demonstra. Evidentemente, as pessoas educadas não se deseducaram no período; foi a incerteza econômica que retirou a motivação para o lazer que a leitura requer.

No mesmo artigo, Luciana cita, como novidade – que só pode ser positiva, pois acaba motivando a leitura –, o que ela identifica como a criação de um "tipo ideal de um novo executivo, que tem que ser leitor e não pode desconhecer o grande romance do ano", subproduto, a seu ver, da era Clinton e das grandes bolhas financeiras. Na verdade, não importa se o intelectual é de fachada ou não, se o livro é de qualidade ou não, o que se deseja é que sejamos um PAÍS DE LEITORES.

Outro fenômeno que merece ser estudado é o das editoras cristãs, que vêm tendo papel importante na alfabetização de adultos, vendendo, a cada ano, quantidades cada vez mais expressivas de livros. Percebe-se, disso tudo, que a valorização da leitura independe de colorações políticas ou religiosas, sendo importante à direita e à esquerda do espectro político. Conclui Lindoso que uma política de apoio ao livro independe de partidos, não podendo ser descontinuada a cada troca de governo.

O hábito de leitura de um povo apóia-se em três pilares: educação, renda e tempo disponível, aos quais a ação governamental deveria dirigir-se. Esses temas, que Lindoso aprofunda com clareza e abrangência, se desdobram no acesso às bibliotecas públicas, no aprimoramento do currículo escolar para enfatizar a leitura, na redução de taxas e impostos para baratear e favorecer a produção editorial e em campanhas de motivação à leitura pela população, na forma do bem-sucedido programa francês, *fureur de lire*. Não se pode esquecer, entretanto, que o terreno em que esses pilares vão se apoiar tem de ser o de uma economia estável e em crescimento.

A indústria editorial brasileira sempre ficou a reboque no processo político nacional, como de certa forma toda a cultura, conforme explica Lindoso. As iniciativas de apoio que acabam sendo fundamentais para seu desenvolvimento – a inserção por Jorge Amado, na Constituição Federal de 1946, do princípio da imunidade fiscal para o livro e o papel; a separação das línguas portuguesa e brasileira, pela atitude brasileira de antecipar a reforma ortográfica em 1942, criando um virtual monopólio nacional para nossa língua; e o programa de aquisição de acervos para escolas e bibliotecas, com a criação da Colted (Comissão do Livro Técnico e Didático), fruto de acordo com a Usaid (United States Agency for International Development) – são casos isolados que, a rigor, não podem constituir uma política de fomento e, de certa forma, apesar de fundamentais para o desenvolvimento editorial brasileiro, foram frutos do acaso.

Entretanto, são esses os fatos que vão propiciar ao Brasil uma posição de liderança da indústria editorial incontestável na América Latina, como Felipe Lindoso descreve a seguir. Infelizmente, nos anos recentes, aos poucos, muitos desses fatores de apoio vêm sendo diluídos. A criação pela Constituição Federal de 1988 das contribuições sociais (PIS, Cofins, CPMF etc.), apresentadas como uma terceira forma de tributação (não seriam impostos ou taxas e, portanto, a elas não podem ser aplicados os princípios da imunidade), a alta taxa de juros interna, por força dos ajustes fiscais a que a economia brasileira vem sendo submetida, e, quem sabe, a implementação do novo acordo ortográfico ameaçam desconstruir o edifício editorial brasileiro. Somem-se a isso a crise do desemprego, a falta de crescimento econômico e o arrocho salarial da classe média, e pode-se entender o grave momento por que passa o setor.

Felipe Lindoso, com a experiência de editor, ex-diretor da Câmara Brasileira do Livro e militante da causa do livro, faz uma reflexão profunda sobre os requisitos necessários para o Brasil vir a ser um país de leitores, apontando os caminhos e alertando para os perigos e a timidez de certas soluções. Expõe as razões da fragilidade do Ministério da Cultura, sempre desprezado nas reformas ministeriais, a falta de objetivos e recursos e a maneira irresponsável com que o setor é tratado. Não surpreende que o país só tenha contado com uma Lei do Livro em 2003. Lei que, totalmente mutilada pelos vetos do poder executivo, foi transformada em uma declaração de (bons) princípios, mas de pouco valor prático, pois não define os meios de atuação na expansão do mercado, o que vem confirmar que não temos uma política cultural integrada para o setor.

Lindoso, ao defender um tratamento especial para a atividade editorial e livreira, explica seu papel estratégico como veículo difusor de educação, tecnologia e informação, grande empregador de mão-de-obra, grande consumidor de capital e trabalho, peça fundamental na construção da identidade nacional, mas de baixa rentabilidade – é uma indústria frágil, que necessita de apoio diferenciado. Examina os impasses, apontando soluções, com o mérito de estruturar os eixos básicos para uma política moderna para o setor.

Este livro de Felipe Lindoso é leitura obrigatória de todo governante preocupado com nosso futuro de nação independente, assim como de professores e estudantes de comunicação, de editores e escritores, enfim de todos os cidadãos comprometidos com a cultura e o destino da nação.

Sérgio Machado
Editor e ex-presidente do Snel

Introdução

Este livro é fruto da reflexão sobre as continuidades e rupturas que caracterizam a política cultural do Estado brasileiro. São continuidades que vêm desde a chegada de D. João VI ao Brasil, e que se caracterizam pela insistência em fazer política cultural privilegiando o favorecimento dos chamados produtores de bens culturais, os artistas. E rupturas que provêm do complexo desenvolvimento social, econômico e político do país, quando camadas cada vez mais amplas da população passam a ser consumidoras de produtos culturais.

Com base em análises e vivências das questões da política cultural pela perspectiva do acesso a esses bens, em vez de focar a questão da produção cultural – e das disputas que se travam entre os artistas pelos recursos que acham que lhes são devidos pela sociedade para exercitar sua veia criativa –, o que se discute aqui é a importância do acesso à multiplicidade desses bens por uma população que deles necessita, não somente por "amor à arte" e por razões estéticas, mas como parte integrante de sua cidadania e mesmo de suas condições de vida.

Estas reflexões são resultado de uma longa vivência no setor editorial. No início como editor, comecei logo a perceber que tão importante quanto a qualidade do produto que se publicava era fundamental entender como fazer esse produto chegar ao maior número de pessoas. Em poucas palavras: como vender mais livros para continuar publicando outros títulos que achasse importante que se tornassem disponíveis ao público leitor.

Mais tarde, com mais de uma década de trabalho na associação de classe dos editores e livreiros, a Câmara Brasileira do Livro, fui aprofundando a análise para ultrapassar os limites da experiência pessoal e chegar a uma compreensão eficaz dos mecanismos que fazem a sociedade produzir tantos livros e de como estes chegam – ou não – às mãos dos leitores a que se destinam.

As discussões sobre política cultural, quando são feitas, geralmente partem do entendimento do problema da ótica dos artistas. Várias dessas questões são fundamentais e legítimas; censura e liberdade de criação e de expressão, por exemplo, são fatores realmente cruciais para que se tenha uma produção cultural pujante.

Nas condições de vida em uma sociedade que se quer cada vez mais efetivamente democrática, entretanto, o eixo desse debate tem de ser modificado. Não que se deixe de lado esse tipo de questão, mas que se acrescentem outras dimensões, como o dever do Estado de criar condições para o acesso aos bens culturais pela maioria da população.

Quando Oswald de Andrade escreveu "A massa ainda comerá do biscoito fino que fabrico", tinha em mente, certamente, a dimensão estética de sua obra. Mas cabe lembrar também que a massa dificilmente "comerá do biscoito fino" se a ele não tiver acesso e ficar reduzida ao consumo da broa de milho cultural – gostosa, às vezes, quando bem-feita, mas sempre simplesinha.

O esforço aqui apresentado é o da discussão de como fazer o "biscoito fino" chegar à massa, e de aprimoramento do paladar.

A percepção dessas questões deriva, em grande medida, da minha condição de editor, esse intermediário necessário entre o autor e seu público. É um ponto de vista claramente explicitado, jamais escamoteado. Assim, parte dos capítulos desta obra deriva de trabalhos elaborados enquanto estive na Câmara Brasileira do Livro – CBL. Serviram de reflexão, em diferentes momentos, para que a direção da entidade se manifestasse sobre os assuntos abordados. A versão aqui apresentada, reformulada e aprofundada em todos os casos, é de responsabilidade estritamente pessoal. Até porque, se em algum momento tiveram seu papel dentro da CBL, isso aconteceu em circunstâncias que nada têm que ver com os rumos empreendidos pela atual diretoria da entidade. Com esta não tenho nenhuma ligação e não conheço a posição que porventura defenda sobre os assuntos aqui abordados – apesar de sócio da entidade –, pois o silêncio sobre tais assuntos tem sido ensurdecedor. Outros capítulos – em especial o primeiro – foram escritos especialmente para esta publicação.

São todos textos de militância, uma vez que tomam posição diante dos problemas discutidos. Não se trata de simples apreciação acadêmica. Eles contêm análises, reflexões e propostas. Estas, certamente, são lançadas na arena com a convicção de que são positivas e, sobretudo, como contribuição para a construção de uma política cultural verdadeiramente democrática e republicana para o Brasil.

A questão do acesso das amplas camadas da população aos bens culturais ainda deve ser muito mais ampliada e enriquecida por quem, com experiência adquirida em outros setores da cultura, se disponha a contribuir com este diálogo.

Sou grato à Câmara Brasileira do Livro e às diretorias com as quais trabalhei em todos esses anos, e muito especialmente a Raul Wassermann e José Henrique Grossi, meus interlocutores e dirigentes da melhor qualidade da classe editora e livreira. Nem sempre foi um relacionamento fácil, posto que a dinâmica de elaboração de propostas para a atuação institucional de uma entidade de classe tem de atender a linhas de interesse comum, considerar as várias diferenças de personalidade dos personagens envolvidos e os meandros da pequena política burocrática que permeia todas as instituições. No entanto, foi uma experiência singular na qual amadureci muito e na qual o embate das idéias foi subsidiado pela prática cotidiana da representação de classe.

Dentre as pessoas que trabalharam na CBL nesse período, destaco e agradeço particularmente a Marta Oliveira e Elizabeth Naves, economistas responsáveis pela coleta dos dados estatísticos da produção editorial brasileira, trabalho pioneiro de sistematização de informações desse setor da produção cultural.

Acredito que o que recebi de todas as pessoas com que convivi na CBL se transformou em esforço no fortalecimento da entidade e, principal e fundamentalmente, no desenvolvimento do mercado editorial brasileiro, para o qual dei o melhor de mim.

Quero agradecer também a Márcio Souza, amigo e companheiro de aventuras editoriais, e a Alípio Freire, pela leitura e pelos comentários.

PARTE I
POLÍTICA DA CULTURA

Do rei aos príncipes patrocinadores: a política
cultural no Brasil na prática

Por uma política cultural republicana e democrática

Do rei aos príncipes patrocinadores: a política cultural no Brasil na prática

A definição de políticas culturais passa pela prévia compreensão de seus componentes e do eventual papel que o Estado e a administração pública possam ter.

Em primeiro lugar, é necessário definir o que se entende por política cultural.

A título de exemplo e como parâmetro de comparação, verifica-se que, na educação pública, há muito existem objetivos claramente definidos, em torno dos quais se organizam a ação do Estado, seus mecanismos regulatórios e as condições que definem tanto as ações da administração pública quanto as da iniciativa privada.

Os principais objetivos da política educacional são a universalização da educação fundamental, o fortalecimento do ensino médio e a garantia de igualdade no acesso à educação superior. A própria Constituição Federal (CF), em seu artigo 208, elenca com clareza tais parâmetros, que, dessa forma – com variações de ênfase, certamente –, marcam a ação governamental desde que foram idealizados por Anísio Teixeira e seus seguidores da Nova Educação, já no final da década de 1920 e início de 1930. Ou seja, o Estado brasileiro, por meio da sua administração pública, do conjunto de leis e regulamentações instituídas nesses quase oitenta anos, busca os caminhos para que esses objetivos sejam plenamente alcançados. Se isso está sendo conseguido, e em que medida as questões da qualidade e da quantidade vêm sendo corretamente equacionadas, é hoje, e foi durante todo esse tempo, objeto de discussão. Mas o fato é que essas discussões se pautam por esse objetivo central.

Os objetivos de uma política cultural, por sua vez, não estão definidos de forma clara. O Ministério da Cultura (MinC), em sua página na Internet, sob a rubrica "Missão Constitucional", transcreve o artigo 215 da CF, que, direfentemente do artigo dedicado à educação, não passa de uma declaração de princípios genérica: "O Estado garantirá a todos o pleno exercício dos direitos culturais e o acesso às fontes da cultura nacional e apoiará e incentivará a valorização e a difusão das manifestações culturais".

Mais adiante, o artigo 216 faz uma tentativa canhestra de definir o "patrimônio cultural brasileiro", referindo-se especificamente aos elementos simbólicos: "As formas de expressão; os modos de criar, fazer e viver; as criações científicas e tecnológicas; as obras, objetos, documentos, edificações e demais espaços destinados às manifestações artísticas e culturais; os conjuntos urbanos e sítios de valor histórico, paisagístico, artístico, arqueológico, paleontológico e científico". O artigo inclui ainda a proteção do patrimônio cultural brasileiro (por meio de inventários etc.), assim como a gestão da documentação governamental; diz que a lei estabelecerá incentivos para a produção e o conhecimento dos bens e valores culturais e que os danos ao patrimônio serão punidos na forma da lei; e declara tombados os documentos e sítios detentores das "reminiscências históricas dos quilombos".

Como se vê, trata-se de uma formulação genérica e muito distante das especificações do mandato outorgado à educação. Em termos práticos, o que se verifica é a enorme ênfase na questão do patrimônio. E não é por acaso que o Patrimônio Histórico absorve a maior parte dos recursos orçamentários do Ministério da Cultura.

Outro componente significativo da chamada "política cultural" vigente é o dos incentivos fiscais, os quais, como sabemos, são recursos públicos que o Estado "renuncia" arrecadar e usar, em benefício de projetos previamente aprovados. Estes são, em sua esmagadora maioria, destinados a subvencionar os artistas e "produtores culturais", seja do cinema, do teatro, da música, do livro ou das artes plásticas. E a parcela mais significativa do que vai para o que se poderia chamar de "divulgação" é absorvida pelos projetos de megaexposições (*Brasil 500 anos, Tesouros da Cidade Proibida, Rodin, Monet* etc.) ou das bienais de artes plásticas e, em escala muito menor, pelas bienais do livro. O "retorno social" dessas grandes exposições geralmente se restringe às visitas agendadas de escolas, o que sem dúvida é importante.

Entre os espetáculos beneficiados com incentivos fiscais, poucos são os que permitem o acesso do grande público e ocorrem em parques, praias e sambódromos. Na grande maioria, os espetáculos incentivados, entretanto, são eventos fechados – atores e atrizes conhecidos que conseguem financiamento para suas peças, cantores de sucesso que são "patrocinados" com recursos de incentivos fiscais etc. –, caso em que é raro acontecer a criação de reais oportunidades para que o grande público tenha acesso.

Na área do cinema, grande beneficiária de incentivos fiscais, os recursos são destinados quase integralmente à produção. Constata-se a existência de um grande número de filmes já finalizados e que não têm nem mesmo um planejamento de distribuição. O que, aliás, pouco incomoda os "produtores", que angariaram os recursos incentivados e com eles já "pagaram" o filme, independentemente da sua exibição.

Os livros financiados, geralmente de arte, têm sido objeto de uma preocupação específica do MinC, que vem exigindo a doação de pelo menos 10% das tiragens para bibliotecas.

Ou seja, a política cultural de fato vigente, por um lado, repousa nas aplicações na preservação do patrimônio histórico e, por outro, destina-se quase exclusivamente ao financiamento de eventos e ao dinheiro diretamente absorvido pelos artistas e produtores culturais. Quase nada se destina a permitir o acesso público aos "bens culturais" gerados com os recursos públicos.

Será que a "política cultural" vigente se restringe a esses pontos?

Márcio Souza, em um instigante trabalho intitulado *Fascínio e repulsa: Estado, cultura e sociedade no Brasil*,[1] chama a atenção para o fato de que, desde a vinda da Família Real para o Brasil, em 1812, a política cultural instituída pelo príncipe regente D. João se centrava no apoio aos artistas, identificando aqueles que viviam no Rio de Janeiro, escondidos nos conventos, como o padre José Maurício, logo convidado para deleitar o príncipe, o pintor José Leandro, o matemático frei Pedro de Santa Maria, o físico e químico frei Custódio Serrão, o botânico frei Leandro do Sacramento, o desenhista frei Francisco Solano, todos imediatamente protegidos pelo Paço. Em 1816 promoveu a vinda da chamada Missão Francesa, que trouxe Debret, os irmãos Taunay, Grandjean de Montigny e outros "sábios" reunidos pelo Institut de France. Apesar das dificuldades, esses artistas, sob o manto da corte, provocaram um verdadeiro choque na modorrenta colônia, renovaram a arquitetura, as artes plásticas, deram início ao

---

1. Márcio Souza. *Fascínio e repulsa: Estado, cultura e sociedade no Brasil*. Rio de Janeiro: Edições Fundo Nacional de Cultura, 2000.

trabalho iluminista dos naturalistas que percorriam o país levantando flora, fauna e os primeiros rudimentos do que se poderia chamar de etnologia do Brasil.

A proposta era simples e eficaz: identificado o talento no jovem, este passava à proteção da corte, viajava para a Europa, tinha seus projetos financiados pelo governo e, finalmente, conseguia a segurança de poder trabalhar em paz: um emprego público.

Paralelamente ao apoio aos talentos, o Estado imperial não descuidou em nenhum momento de manter firme e forte a tradição ibérica da censura. A cultura foi intimamente ligada à educação como forma de construção de uma elite integrada e associada ao poder, em que os intelectuais e artistas se faziam sob o signo do favor. Essa proteção era dada e o reconhecimento social outorgado como um favor que o soberano magnânimo concedia aos súditos brilhantes e talentosos.

O modelo foi aplicado à perfeição durante todo o Império. Os premiados nos salões e grandes exposições encontravam abrigo sob as asas protetoras do imperador; os palácios guardavam as obras dos artistas plásticos que ganhavam os "prêmios de aquisição". Na literatura podiam-se premiar os poetas e romancistas da elite com sinecuras como postos diplomáticos (Raul Pompéia), cargos na burocracia (Machado de Assis) e até na política (José de Alencar virou senador), ou então se vivia de espertezas várias nos jornais etc.

Como assinala Márcio Souza no referido trabalho, a produção intelectual não era valorizada por si só, e sim como possibilidade de amealhar determinado tipo de capital social que permitisse ao artista sobreviver de modo não dependente da valorização que se expressasse como vinculação com o público pagante pelo desfrute da obra intelectual.

A valorização do produto artístico-intelectual dependia da apreciação do círculo de intelectuais que estava no mesmo circuito: o crítico de artes que também era funcionário ou jornalista de jornal que dependia de benesses oficiais; os jurados dos concursos e das exposições eram ex-premiados etc. O valor da obra de arte era dado por esses pares, que, dessa forma, acrescentavam ao capital social o publicado/exposto/representado/tocado, constituindo um *campo intelectual*, já muito bem explicado por Pierre Bourdieu.[2] Em todo o período imperial, os elementos extracampo representados pelo que se poderia chamar de mercado consumidor eram praticamente irrelevantes. O que contava era o valor social *para o Estado-mecenas* representado pelas obras intelectuais e artísticas.

Esse modelo foi muito eficiente e positivo durante quase todo o Império. Eficiente por várias razões: ilustrava a elite, fazia o levantamento das riquezas do território com os naturalistas, controlava estreitamente com os mecanismos de cooptação e censura o que era veiculado para o conjunto da população etc. E positivo porque representava um avanço real na produção científica, artística e literária depois de quase três séculos de esmagador obscurantismo colonial português, que conseguiu ser mais tacanho e retrógrado que o espanhol, impedindo o surgimento da imprensa e das universidades, por exemplo.

A funcionalidade desse modelo sobrevive e ultrapassa o momento histórico do seu papel positivo. A sociedade brasileira se modifica com todas as suas contradições.

---

2. "A sociologia das obras culturais deve tomar como objeto o conjunto das relações (objetivas e também efetuadas sob a forma de interações) *entre o artista e outros artistas* e, além disso, o conjunto dos agentes engajados na produção da obra ou pelo menos do valor social da obra (críticos, diretores de galerias, mecenas etc.)." Pierre Bourdieu. *Questões de sociologia*. Rio de Janeiro: Marco Zero, 1983, p. 163.

Na fase de transição do Império para a República, esse período que costumamos chamar de República Velha, cabe ressaltar algumas modificações na produção da cultura e das artes no Brasil. Sem pretender esgotar nem mesmo a breve listagem dos fenômenos ocorridos, pode-se assinalar o seguinte:

- a educação progressivamente se desvincula do modelo de patronato elitista estabelecido no Império, com a expansão do sistema educacional, e
- algumas áreas da produção artística começam a adquirir uma autonomia relativa *vis-à-vis* o modelo de mecenato estatal anteriormente vigente, por várias circunstâncias. É o caso, por exemplo, da música popular e, muito particularmente, de segmentos cada vez maiores da indústria editorial.[3]

Entretanto, o modelo de política expresso na proteção ao artista é, de fato, ainda hoje, o modelo dominante. O acréscimo mais substancial na prática de política cultural, no decorrer do século XX, foi a criação do Instituto do Patrimônio Histórico e Artístico Nacional (Iphan).

Cabe assinalar que, nessa área, há uma clara transferência para o Estado do ônus que anteriormente cabia a outras instituições e

---

3. O desenvolvimento relativamente autônomo da indústria editorial está muito vinculado à expansão do sistema educacional. Vide Felipe Lindoso, "A indústria editorial no Brasil no século XX", *in* Juan Gustavo Cobo Borda, *Historia de las empresas editoriales de América Latina – siglo XX*. Bogotá: Cerlalc, 2000, pp.135-60, publicado em capítulo ampliado (pp. 55-108). O desenvolvimento da indústria editorial, entretanto, não deixou de lado o caráter de "valor simbólico" do trabalho dos autores.

camadas sociais beneficiárias da colonização, da escravidão, da monocultura. A Igreja Católica, proprietária dos templos onde guardava os benefícios de sua presença estrutural na sociedade colonial, transfere para o Estado o custo de manter as igrejas, as pinturas, os ornamentos, as estátuas etc., sem perder o bônus de continuar como dona de tudo. Os descendentes arruinados dos senhores dos ciclos da economia colonial – ouro, cana, café, borracha – também transferem para o Estado a conservação dos prédios que não conseguiram vender ou derrubar para obter maior proveito econômico. O pároco consegue que o Iphan restaure a igreja e não cuida de mantê-la em boas condições, e quando a deterioração do não-conservado volta, haja sermão para que ele abra novamente as burras.[4] Essa situação exige, no mínimo, uma ampla discussão sobre as responsabilidades dos proprietários dos imóveis e a incorporação do patrimônio conservado ou restaurado ao Estado, e não apenas por meio da forma simbólica do tombamento. Essa é uma exigência mínima de ação republicana e de expressão da separação entre Estado e Igreja.

Com esses elementos, pode-se afirmar que existe uma política cultural sendo aplicada no Brasil, muito embora nem sempre seus termos estejam claramente definidos, mas que se constrói em torno dos seguintes eixos:

---

4. Certamente existe a necessidade de preservar monumentos arquitetônicos de valor histórico. O que não se justifica é que o dinheiro público termine alimentando o patrimônio privado da Igreja Católica ou de famílias que tiveram um passado "mais feliz". Salvo as proverbiais exceções, o que se vê é o descuido e o abandono dos edifícios restaurados com recursos públicos e mantidos nas mãos privadas dos organismos religiosos. Isso quando não se constata a ação criminosa de venda de estátuas, ornamentos etc., sem que se tenha nenhum controle sobre isso, e a negligência, como a que provocou o incêndio, recentemente, da Matriz de Pirenópolis, em Goiás, vítima das gambiarras irresponsavelmente instaladas pelos párocos.

1. Mecenato do Estado, seja por via direta, seja pela via indireta dos incentivos fiscais. Trata-se, aqui, de favorecer o artista, o chamado "produtor cultural". O aspecto de "novidade" em relação à prática vigente até o momento é que o "rei" que esparge benefícios se multiplicou e assume agora o capuz de "incentivador" – as empresas que usam o benefício fiscal para patrocínios. Esses "incentivadores" são privados ou estatais. Os primeiros, em grande medida, usam os incentivos de acordo com políticas culturais próprias e bem definidas.[5] Já os segundos dependem, para a alocação de recursos, em parte de políticas internas que incluem a propaganda institucional e, em parte, do atendimento de projetos de interesse de outros órgãos da administração direta – da Presidência da República aos ministérios (ou dos ministros), incluindo-se o da Cultura.[6]

2. Segmento de mercado – artistas. Na produção de bens culturais foi se desenvolvendo um importante segmento de produtores que se dirigem ao e dependem exclusivamente do mercado de consumidores de bens culturais. Estão concentrados nas áreas de música – compositores e intérpretes –, artes plásticas – tanto no segmento mais sofisticado e elitizado dos grandes pintores, escultores, já consagrados pelo campo, quanto nos segmentos mais

---

5. Em alguns casos o trabalho feito por instituições privadas é de grande relevância, inclusive no que diz respeito ao acesso gratuito do público aos seus eventos. Em outros, entretanto, o "patrocínio" não passa de forma disfarçada de propaganda.
6. Alguns segmentos da categoria dos "artistas" não hesitam em considerar os recursos das estatais como área de caça privada para seus projetos. O caso da "reciprocidade" social levantado pela Eletrobrás foi paradigmático, como veremos mais adiante.

populares e nas mais diferentes graduações de artes decorativas[7] – e literatura – os chamados derrisoriamente de escritores po-pulares etc.[8]

3. Indústrias culturais. Os segmentos empresariais envolvidos na difusão da cultura. O mercado editorial é o mais antigo, o maior e o mais estruturado (adiante voltarei a falar dele). Outro segmento muito importante é o da indústria fonográfica. Também podem ser considerados os galeristas, os proprietários de teatros e casas de espetáculo e os produtores de peças e *shows*.[9]

Em resumo, existe uma política cultural que, até para ter continuidade, faz-se amorfa e nem sempre é explicitada como tal em seu conjunto. De um lado, a manutenção da tradição colonial e imperial do mecenato e, de outro, as formas que se desenvolveram graças às grandes transformações sofridas pela sociedade brasileira que criaram condições para que setores culturais se tornassem relativamente autônomos do Estado, subordinados às leis de seus próprios campos e à dinâmica do mercado.

---

7. As gravuras dependem, em grande medida, das encomendas feitas para a decoração de quartos e áreas comuns de hotéis, grandes escritórios etc.
8. A categoria é mutante. Basta lembrar que Jorge Amado já esteve nela, e por muito tempo. Hoje o lugar é ocupado principalmente por Paulo Coelho, que se empenha em obter o reconhecimento institucional (que, no caso de Jorge Amado, foi em grande medida dado pelas suas ligações com o PCB), sem perder a sua aceitação pelas massas.
9. Estes últimos têm, entretanto, uma inserção diferenciada no mercado que depende do "produto" que estejam vendendo, muitas vezes formatado para atender aos objetivos dos mecenas privados.

Por uma política cultural republicana e democrática

A política cultural vigente deve ser reconhecida como amorfa, explicitada e modificada.

Como se viu, é dispersiva, elitista e fundada na alocação de recursos principalmente para os artistas e "produtores culturais", com pouca atenção dada ao acesso, pela maioria da população, aos bens culturais produzidos em todo o país. Seja dito que essa questão é objeto de atenção específica nas políticas culturais em vários países, ainda que a forma e o alcance das ações variem muito.

Em recente seminário organizado pelo Senac em São Paulo,[1] vários convidados tiveram a oportunidade de discorrer sobre os métodos de administração da cultura em seus respectivos países – "administração da cultura" no sentido específico de explicar que tipo de instituição se dedica à cultura, como é financiada e administrada e o alcance de sua atuação. Estavam presentes representantes dos Estados Unidos, Inglaterra, França e Alemanha.

As características básicas da administração da cultura em cada um desses países estão relacionadas a seguir de forma muito sintética:

- Estados Unidos – Existe o National Endowment for the Arts, órgão federal que concede *grants* (bolsas) tanto para artistas

---

[1]. *Seminário internacional da cultura: políticas e gestão*, Senac, São Paulo, 19-20 de agosto de 2003.

em particular como para instituições – museus principalmente – para o desenvolvimento de projetos específicos. A maior parte dos recursos, entretanto, provém de fundações privadas, organizações culturais, doações em vida ou por herança etc., que sustentam uma miríade de instituições – museus, orquestras, universidades, centros culturais, centros comunitários –, as quais mantêm "colônias" para escritores e artistas plásticos passarem temporadas desenvolvendo seus trabalhos, dão bolsas dos mais variados tipos e também são enorme fonte de trabalho voluntário e gratuito. Como disse um dos participantes no seminário, ele mesmo dirigente de uma grande orquestra: "Os americanos ganham dinheiro e depois se sentem na obrigação de devolver uma parte do que ganharam para a comunidade".

- Alemanha – A postura alemã difere muito da americana. O diretor do Instituto Goethe em São Paulo exemplifica: "Os alemães preferem pagar impostos mais altos e exigem de volta instituições culturais de alto nível: boas orquestras, bibliotecas e museus". A administração desses órgãos é quase toda municipalizada e a ação federal se dá principalmente no exterior, por meio do Instituto Goethe, que recebe fundos especialmente do Ministério de Relações Exteriores.
- França – Talvez tenha a estrutura administrativa mais centralizada de todas. O Ministério da Cultura recebe dotações orçamentárias para administrar uma enorme quantidade de equipamentos culturais. Há, mais recentemente, uma preocupação com a "transversalidade" das ações e a integração com instituições locais, sejam estas mantidas pelos municí-

pios ou pela sociedade civil. Existe uma extensa rede de bibliotecas públicas, cinematecas, centros culturais comunitários etc.

- Inglaterra – Talvez tenha a administração mais "desestruturada", uma vez que, como é muito característico do país, cada instituição cultural de certa forma tem uma história própria de constituição e financiamento. Existe uma fonte de recursos definida e bastante generosa: a loteria. Tanto esta como as diferentes instituições culturais são administradas – ou melhor, supervisionadas – por uma sucessão de conselhos, nos quais se misturam representantes do Estado, da comunidade local e interessados (artistas plásticos, escritores, cineastas, músicos e atores e diretores de teatro). A administração cotidiana dessas instituições geralmente está a cargo de profissionais selecionados por esses conselhos e tem uma estabilidade muito grande.

Em todos esses casos, notam-se algumas constantes.

Em primeiro lugar, o que se procura é oferecer ao público a maior quantidade e diversidade de opções de acesso à produção cultural: bibliotecas; museus; orquestras e grupos de teatro permanentes, baseados em suas sedes e com trabalho de formação presente; centros culturais multiuso etc.

Em segundo lugar, a administração desses meios – com a exceção mais evidente da França – não apenas é descentralizada, como também é muito dependente da articulação de usuários, conselhos variados de mantenedores, voluntários. Isso faz que haja uma continuidade administrativa e de programas que contrasta muito com o que se observa no Brasil, onde, a cada mudança de secretário ou ministro, mudam até o porteiro e o motorista.

Em terceiro lugar, os recursos colocados à disposição dos artistas costumam atender a grandes linhas: a) grupos de teatro, *performers*, músicos e grupos do gênero que atuam em lugares públicos, para o desfrute da população em geral ou dos freqüentadores dos locais de acesso; b) financiamento de projetos apresentados por artistas ou grupos de vanguarda e pesquisa de linguagem, geralmente vinculados aos propósitos programáticos das instituições nas quais estão baseados ou às linhas de financiamento e patrocínio estabelecidas por comitês que controlam de forma coletiva os recursos de cada programa.

No que diz respeito à gestão de recursos, nota-se, no caso francês e no alemão, um predomínio de recursos orçamentários, ou oriundos principalmente de órgãos centrais (França) ou de órgãos locais (Alemanha). Na Inglaterra, além de recursos públicos orçamentários, os provenientes da loteria assumem um papel muito importante. Nos Estados Unidos predominam de forma quase absoluta os recursos da iniciativa privada, sejam de doadores individuais organizados em associações de amigos e mantenedores de instituições, sejam de fundações e de grandes empresas.

Como se pode observar facilmente, nenhum desses modelos está isento de críticas e de problemas, ora pela centralização administrativa e de recursos, como é o caso da França – que seria totalmente impossível no Brasil –, ora pela ausência do Estado e dependência quase absoluta dos recursos privados, como é o caso dos Estados Unidos – que supõem também uma cultura de participação que inexiste no nosso país e seria impossível de ser aplicada.

| *O Brasil pode ser um país de leitores?* |

Antes de tentar formular alguns lineamentos de uma política cultural, falta examinar mais de perto os setores da produção de bens culturais que têm uma dinâmica mais autônoma em relação ao Estado: a indústria editorial, a de música popular, a do mercado de artes plásticas. E é importante ter como pano de fundo a televisão e o rádio.

Lamenta-se que a falta de dados sistemáticos seja o padrão na maioria dos casos. Os números mais abrangentes são os da indústria editorial, a qual faz pesquisas sistemáticas desde 1990[2] que permitem uma análise mais detida do setor. A indústria da música divulga dados parciais e, quanto à televisão e ao rádio, são sabidas as dificuldades de ter uma idéia precisa acerca de sua movimentação econômico-financeira. Sabe-se, entretanto, que, de longe, esses dois segmentos são os mais importantes, em conjunto, do que se pode chamar de indústrias de produção de bens culturais no Brasil.

As indústrias do livro e da música gravada foram as primeiras a conquistar autonomia diante das benesses do Estado. A indústria editorial já desde o século XIX vivia de forma autônoma.[3] A indústria de discos está presente desde a década de 1920, com uma forte participação de multinacionais em sua configuração.

A característica comum a ambos os segmentos é a de que o destino do que produzem depende fundamentalmente da aquisição pelo mercado consumidor. No caso da indústria editorial (analisado mais detidamente em capítulo mais adiante), o mercado dos livros escolares depende em grande medida das aquisições governamentais para o sistema de escolas públicas. Mas, se a analogia for possível, é o

---

2. Iniciativa da Câmara Brasileira do Livro.
3. Ver o capítulo "A indústria editorial no Brasil no século XX", pp. 55-108.

mesmo que dizer que a indústria farmacêutica "depende" do governo pelo fato de este ser um grande comprador. Em ambos os casos, as instâncias governamentais adquirem, *como grandes compradores*, em sua maioria, produtos colocados no mercado independentemente dessas aquisições, embora, em alguns casos, sejam desenvolvidos produtos específicos, como aconteceu com as coleções do Programa Nacional de Bibliotecas nas Escolas (PNBE).

O mercado editorial brasileiro movimenta, na ponta das editoras,[4] cerca de R$ 2 bilhões por ano, segundo a Câmara Brasileira do Livro (CBL).[5] De acordo com a Associação Brasileira dos Produtores de Discos (ABPD), no ano de 2001 produziram-se cerca de 80 milhões de unidades, gerando um faturamento aproximado de R$ 1 bilhão,[6] queixando-se da pirataria, que "responde por 53% do mercado de CDs".[7]

Os dois segmentos sustentam seus "fornecedores" – isto é, autores de livros e músicos – de forma desigual. Existem escritores de livros que têm grande sucesso comercial,[8] assim como músicos de enorme vendagem. Os dois tipos de produto também criam modis-

---

[4]. Isto é, considerando-se tão-somente as vendas das editoras para o comprador imediato, seja este o varejo de livros, distribuidores, o governo ou diretamente o público.

[5]. CBL, "Vendas do setor editorial brasileiro 2002". Os números globais para esse ano foram de R$ 2.181.000.000,00 de faturamento, com 320.600.000 exemplares vendidos.

[6]. ABPD – www.abpd.org.br. A Associação não informa o critério de composição desse faturamento.

[7]. Segundo a Associação Brasileira de Direito Reprográfico (ABDR), só na cidade de São Paulo são copiados 199 milhões de páginas de livros por ano, o que levaria à não produção (e venda) de quase 10 milhões de exemplares de livros por ano. Pode-se estimar, e com grande folga, que, extrapolado para o Brasil, esse número mais que dobra. Verifica-se, assim, que o fenômeno "pirataria" afeta profundamente os dois segmentos.

[8]. No caso dos livros, é de particular importância o mercado de livros escolares, tanto no seu segmento de livros de texto (manuais) quanto nos livros de literatura e informação geral adotados pelas escolas (livros infantis e livros de informação e de referência).

mos e subprodutos. No caso dos músicos, uma parcela muito significativa da renda é proveniente de espetáculos. No caso dos livros, é mais evidente o acúmulo de "capital social", que pode transformar-se em empregos e posições que adicionalmente aumentam a renda dos autores; o circuito de palestrantes e conferencistas é menor no Brasil que em outros países.

Cabe ressaltar que é notável, no caso da indústria editorial, a diversidade da oferta. No ano de 2002 foram editados, em primeira edição, 15.080 títulos, e 24.720 em reedições, num total de 39.800 títulos por ano.[9]

O problema é que essa oferta é inacessível para a maioria da população, e é por aí que podemos pensar nos elementos para uma política cultural republicana e democrática.

Essa questão se repete na área do cinema. Segundo o *site* Cineweb,[10] existem hoje no Brasil 1.635 salas de cinema. A concentração, como é de esperar, está nas cidades de São Paulo e Rio de Janeiro. Estima-se, segundo artigo de José Álvaro Moisés publicado no *site* do MinC, que na década de 1970 havia mais de 3.500 salas espalhadas pelo Brasil. O contexto atual, portanto, representaria uma perda de quase 50% em relação àquele período. Pode-se avaliar, certamente, que mais de 60% dos municípios brasileiros não possuem nenhuma sala de cinema.

A situação é igualmente trágica para o mercado de livros. Mesmo que se considerem as papelarias como eventuais pontos-de-venda de livros, os levantamentos mais confiáveis não dão mais que

---

9. CBL, *op. cit.*
10. www.cineweb.com.br.

3.500 locais no Brasil, com a exceção de bancas de jornais, que eventualmente podem vender livros destinados especificamente a esse segmento. Quanto às bibliotecas públicas, é certo que pelo menos 25% dos municípios brasileiros não têm nenhuma. E, dos que têm, a maioria absoluta é de bibliotecas desatualizadas, com acervos reduzidos e sem programas para atrair usuários. A grande exceção na área de livros é a da ação do MEC, que entrega gratuitamente os livros do ensino fundamental para todos os alunos das escolas públicas brasileiras.

A cidade de São Paulo possui a maior rede de bibliotecas públicas do país, a qual se aproxima das cem unidades, contando as que estão sendo instaladas nos CEUs, que são parte do programa educacional da Prefeitura. Mesmo assim, o número de bibliotecas, seu acervo e os demais recursos bibliográficos, além do sistema de empréstimo circulante, são totalmente insuficientes, pois a ampla diversidade da produção bibliográfica brasileira só é acessível a uma minoria, assim como os filmes brasileiros (produzidos com o dinheiro da renúncia fiscal) e os estrangeiros. Esse é o resultado da política cultural voltada para o financiamento dos artistas e não para a abertura de possibilidades de acesso aos bens culturais pela maioria da população.

A modificação dessa situação para uma política cultural realmente democrática do acesso irrestrito aos bens culturais passa por várias etapas, as quais devem ser coordenadas entre si e precisam ter objetivos claros: aumento das oportunidades de acesso aos produtos culturais por toda a sociedade; estabelecimento de critérios claros para o financiamento de projetos, de preferência por meio de instituições estáveis e programas continuados; reformulação das leis de incentivos fiscais para evitar a confusão entre mecenato e publicidade, a apropriação de recursos públicos para formação de patrimônios privados e a promoção do uso de recursos fiscais em projetos de apropriação coletiva (social) dos resultados; participação de todos os envolvidos na produção, distribuição e consumo de bens culturais na administração das instituições culturais, de forma rotativa e de maneira a garantir a continuidade, independentemente das mudanças de governo; descentralização de recursos e ações culturais; apoio à formação continuada e sistemática dos artistas e produtores culturais locais, inclusive dando-lhes preferência nas atividades de animação de bairros, parques, escolas e centros culturais e comunitários. Finalmente, é importante que se estabeleça uma rediscussão das questões relacionadas com o patrimônio histórico e o tombamento.

A seguir veremos um pouco mais de perto esses pontos.

Aumento das oportunidades de acesso aos produtos culturais por toda a sociedade.
Essa linha de atuação privilegia o financiamento, a manutenção, a atualização de acervos, o treinamento de pessoal e a aquisição de equipamentos adequados para os tipos de instituições nas quais a população tem acesso direto aos bens culturais, que são as bibliotecas, centros culturais com salas de projeção e de multimeios, videotecas e discotecas, hemerotecas e museus. Mas isso não significa que essas instituições sejam tão-somente depósitos. Ao contrário, devem ser também centros de formação de leitores, de apreciadores de todas as formas musicais e das demais formas de expressão artística e possibilitar a integração entre a comunidade e os artistas que nela vivem.

Estabelecimento de critérios claros para o financiamento de projetos, de preferência por meio de instituições estáveis e programas continuados.

Com essa proposta se pretende alcançar dois objetivos. O primeiro, obviamente, é o de definir critérios, e é importante notar que devem ser estabelecidos considerando-se os aspectos democráticos e participativos da administração da política cultural, conforme se explicita mais adiante. O segundo objetivo é o de dar preferência a projetos desenvolvidos no seio de instituições que já tenham programas de atuação. É a única forma de combater a praga dos *eventos* isolados, totalmente desconectados da atuação sistemática das organizações e que terminam, em sua maioria, por favorecer os "mais amigos" do rei ou reizinho que decida a alocação de recursos. Com isso se pretende também que os produtores de bens culturais procurem estabelecer vínculos com instituições permanentes. Assim, abrem-se espaços para o financiamento de projetos de todos os tipos, vinculados a instituições que tenham trajetória e programas de trabalho reconhecidos.

Reformulação das leis de incentivos fiscais para evitar a confusão entre mecenato e publicidade, a apropriação de recursos públicos para formação de patrimônios privados e a promoção do uso de recursos fiscais em projetos de apropriação coletiva (social) dos resultados.

Desde logo, não se pretende aqui que empresas financiadoras de projetos culturais sejam impedidas de anunciar sua participação nesses programas e receber o merecido retorno institucional para si ou para suas marcas. O que se deseja é, mais uma vez, o beneficiamento de instituições que desenvolvam programas continuados ou que as próprias empresas desenvolvam programas de ação continuada. Em segundo lugar, trata-se de estabelecer mecanismos estritos de controle para que se evite a formação de patrimônio – particularmente imobiliário – à custa da renúncia fiscal. Um exemplo simples: uma fundação vinculada a um grupo empresarial não poderia usar os incentivos fiscais desse grupo para a construção de sedes próprias. Acrescenta-se que o uso de incentivos fiscais para a aquisição de bens móveis valiosos (obras de arte, acervos etc.) só poderia ser permitido com gravame que transferisse para o Estado a posse e a propriedade desses bens no caso de extinção da instituição e condicionasse ainda o usufruto à explicitação do acesso público (ainda que não gratuito) a esses bens.

Participação de todos os envolvidos na produção, distribuição e consumo de bens culturais na administração das instituições culturais, de forma rotativa e de maneira a garantir a sua continuidade, independentemente das mudanças de governo.

Um dos grandes problemas das instituições existentes (e, se não for equacionado, das que vierem a existir) é o da descontinuidade administrativa. Ao mudar o prefeito, o governador ou o presidente, mudam-se os secretários e o ministro da Cultura. Daí em diante a ciranda continua, a ponto de mudarem motoristas, porteiros e até a pessoa que faz café.

O que se propõe com a participação de todos os envolvidos na administração das instituições certamente não é a criação de feudos imunes às transformações políticas e sociais do país e que se encastelem nesta ou naquela instituição, financiada com recursos públicos, sem responderem a quaisquer instâncias. Muito ao contrário, o que se propõe é a criação de mecanismos democráticos que permitam o desenvolvimento de projetos de longo prazo, que estes sejam transformados em objetivos práticos a serem alcançados em períodos determinados e que haja responsáveis pelas diferentes atividades que respondam pela eficiência administrativa. Ou seja, algo bem mais próximo do modelo inglês antes descrito, no qual comitês constituídos pelas diferentes instâncias – órgãos governamentais, financiadores, corpos efetivos, funcionários, usuários e produtores dos bens culturais – se transformam no corpo diante do qual respondem os funcionários executivos. Estes, efetivamente, estão ali para executar os programas da instituição, os quais devem estar definidos na sua constituição e se expressam nos planos de trabalho – com a definição de fontes de recursos – elaborados por meio da interação dos diferentes componentes desses órgãos.

A partir daí, o método de nomeação pode variar muito. Pode-se reservar ao órgão da administração pública o direito de nomear o administrador e ao comitê o direito de não aceitar a indicação com base em condições predefinidas, ou vice-versa, dar aos comitês o direito de indicar os administradores e ao secretário-ministro o direito de recusar a indicação, também segundo condições predeterminadas.

O importante é instituir o conceito de que os "donos" da instituição são os que a fazem e que usufruem os bens culturais ali produzidos, incluindo-se nesse conceito amplo as fontes financiadoras, os artistas envolvidos em projetos da instituição, os funcionários, os usuários e a comunidade na qual a instituição esteja inserta.

Descentralização de recursos e ações culturais – o cidadão mora na cidade.

Não se pode deixar de destacar a importância de grandes instituições de âmbito nacional ou estadual. A Biblioteca Nacional, o Museu Nacional de Belas Artes, o Arquivo Nacional e seus congêneres estaduais são imprescindíveis para a administração cultural do país. São, tipicamente, instituições que devem ser preservadas e aperfeiçoadas, inclusive administrativamente, como já se mencionou, e receber os recursos necessários para seu bom funcionamento.

Entretanto, como todos sabem, os cidadãos moram na cidade. E temos quase seis mil municípios no país. E é nestes que se devem concentrar as ações mais amplas de política cultural. Bibliotecas, centros culturais, espaços para exibição de filmes e exposições de artes plásticas devem multiplicar-se nos locais onde as pessoas moram, não só para lhes dar acesso aos bens culturais, como também para que sirvam de centros de convivência, troca de experiências e gestação de iniciativas cidadãs.

Felizmente temos exemplos de como, em alguns municípios, esse princípio já vem sendo aplicado. É o caso de Ribeirão Preto, onde a meta de abrir oitenta bibliotecas de acesso público em quatro anos é emblemática. O programa "Ribeirão das Letras" usa os mais variados espaços disponíveis e o acervo das bibliotecas e, a partir de seu núcleo básico, cresce de acordo com as inclinações dos usuários. Assim, a biblioteca que está no espaço de uma igreja evangélica cresce com livros religiosos, e a que está na sede local do MST cresce com literatura política e social. Seria impossível, mesmo em nível municipal, que algum órgão se dispusesse a fazer aquisições centralizadas de livros atendendo a essa miríade de alternativas e necessidades dos usuários. O espaço cultural deve, necessariamente, moldar-se ao perfil de quem o faz e usa, como se explicitou no item sobre administração.

Apoio à formação continuada e sistemática dos artistas e produtores culturais locais, inclusive dando-lhes preferência nas atividades de animação de bairros, parques, escolas e centros culturais e comunitários.

A formação do artista, nas mais diferentes áreas – e dos produtores que viabilizam suas apresentações, *performances*, publicações, exposições etc. –, deve ocorrer de forma paralela à formação do público a que se destina essa produção de bens culturais. Ou seja, devem ocorrer de forma paralela e de acordo com a vocação local. Para dar dois exemplos simples: a presença de escritores nas bibliotecas é um forte estímulo para a leitura, e se isso é feito combinando-se a presença de autores mais conhecidos com a de iniciantes, a interação entre estes e o público se fortalece e a freqüência de leitores nas bibliotecas se torna maior; a formação de escolas de música e o apoio aos grupos locais, com sua contratação, a baixo custo, para apresentações em parques, centros culturais e escolas, não apenas possibilitam a formação de novos instrumentistas, como proporcionam aos ouvintes a experiência da audição ao vivo e de músicos que estão ligados aos interesses da comunidade.[11] Esses músicos podem ser muito facilmente integrados na vida associativa e comunitária e, ao mesmo tempo que se melhora formação profissional, se oferecem oportunidades de desfrute musical para a população.

Essa política se insere claramente na que propõe o fortalecimento das instituições com projetos integrados, gerando sinergia.

---

11. Nos últimos anos foram desenvolvidos vários projetos de "inclusão social" por meio da música. Só que é estimulada, principalmente, a constituição de orquestras sinfônicas para jovens, com uma formação basicamente de cordas (violino, viola etc.) e com os sopros e percussão também adequados a essas formações. Ora, nosso país tem uma riquíssima vida musical baseada nas cordas tangidas (violões, cavaquinhos, violas, bandolins) e nos foles, especialmente o acordeão, e os sopros são aqueles originários das bandas e charangas (flauta, pistão, saxofone e clarineta), os quais resultam na riqueza dos ritmos populares que se espalham de norte a sul do país. Parece-me lógico que se deva fomentar a formação nesses instrumentos populares, e por duas razões muito simples: sua inserção mais fácil na vida comunitária e a possibilidade de geração de emprego para esses instrumentistas. Ou será que teremos centenas e centenas de orquestras sinfônicas espalhadas pelo país, uma das poucas alternativas de trabalho para os que se formam como violinistas?

Importância de rediscutir a questão do patrimônio histórico e os processos de tombamento.

A criação do Instituto do Patrimônio Histórico e Artístico Nacional (Iphan), ainda na década de 1930, foi uma medida de interesse excepcional para a preservação de monumentos arquitetônicos – particularmente igrejas, obras sacras e grandes prédios que outrora serviram como palácios da administração ou residências senhoriais, edifícios que haviam sido construídos em momentos históricos em que esses segmentos privados e religiosos se apropriavam de grande parte da riqueza nacional da forma mais iníqua. Não podemos esquecer que as igrejas foram construídas no período *colonial* e como resultado do papel que a Igreja Católica desempenhava nessa situação, ainda mais vinculada à *escravidão*, o que gerou também os belos palácios dos senhores do café, do açúcar, da borracha, do cacau, do fumo e dos outros produtos da monocultura escravista, da qual o Brasil foi o último país ocidental a se livrar. No momento em que as bases de apropriação da riqueza que construiu esses monumentos se esboroam, os proprietários deixam-nos deteriorar-se, degradar e cair. Até que se descobre a fórmula de jogar novamente sobre os ombros de toda a sociedade o custo de preservá-los e mantê-los. E sem que, em grande medida, haja perda de patrimônio e riqueza desses proprietários.

A regra, nesses casos – descontadas, como sempre, as louvadíssimas exceções –, é a de se mostrar a importância do prédio, da igreja, do monumento, e exigir o dinheiro para a reforma. Quando este chega e é usado, a falta de conservação prossegue. Quando são estátuas, objetos sacros, quadros etc., o que interessa é garantir que o Iphan autentique a antigüidade e a importância da obra, que passa a valer mais já incorporada no patrimônio de quem a herdou ou comprou. E deparamos então com o recente incêndio da matriz de Pirenópolis, provocado pela irresponsável (ou criminosa) ação do pároco, que decidiu iluminá-la com gambiarras malfeitas; ou com a tentativa de embargar a publicação de um livro de especialistas que discutiam a autoria de obras do barroco mineiro, sob o pretexto de que ela desvalorizaria o patrimônio de quem as tem agora (e com a documentação da história da posse dessas obras convenientemente perdida para os cupins, a umidade e a falta de conservação de séculos).

Enfim, não podemos ignorar ou esquecer que esses prédios, monumentos, casas, mansões, estátuas e quadros fazem parte da história. Nesse sentido, sua preservação tem imensa importância. Cabe lembrar, ainda, que existem vários outros modelos de preservação e que essa discussão em nosso país está simplesmente trancada. O trabalho, a proposta e os propósitos de Rodrigo Melo Franco e de seus colegas fundadores do Iphan viraram uma espécie de dogma intocável.

Dogma caro, pois o patrimônio histórico consome a maior parte dos recursos orçamentários do MinC e, ao mesmo tempo, a deterioração dos monumentos não pára. O domínio da Igreja Católica nessa área é tão avassalador que o tombamento de templos de religiões afro-brasileiras provoca escândalo. E não só isso: o tombamento da primeira sinagoga no Brasil, em Recife, foi dificílimo e só aconteceu porque se tornou parte do projeto "Recife Antigo"; e a recuperação do Pelourinho, em Salvador, enche os olhos de alegria, mas teve como resultado a expulsão de moradores, que, em grande medida, se tornou um processo de exclusão ainda maior das pessoas que ali viviam.

Essas questões devem ser discutidas: achar alternativas que podem ser construídas em substituição ao atual modelo; como combinar o "sagrado" direito de propriedade com os problemas relacionados com a valorização dos prédios; o *retrofitting* de áreas inteiras etc.

Essas observações não são mais que uma contribuição e um apelo à discussão. A chamada "classe artística" – aí incluídos cineastas, músicos, atores e mesmo escritores – está profundamente marcada pela política do favorecimento por meio das diferentes formas de mecenato. Como uma vez mencionou um conhecido funcionário do MinC, ao comentar algumas das idéias aqui expostas: "Durante a ditadura o pessoal da direita foi beneficiado. Agora que chegou a nossa vez, você quer mudar isso?". A frase, infelizmente, é o espelho de uma mentalidade profundamente arraigada, que vê as questões da política cultural pelo lado da produção e desconhece totalmente a questão do acesso.[12]

Essa questão chegou a ser abordada na última campanha eleitoral para a presidência da República. O programa do PT para a cultura abordava o problema, ainda que de forma ambígua:

"40. Nosso governo adotará políticas públicas de valorização da cultura nacional, em sua diversidade regional, como elemento de resga-

---

12. O curioso é que a questão do acesso aparece, muitas vezes, como um apêndice da questão do mecenato, e às vezes se disfarça em manifestações aparentemente bem ingênuas. Cineastas reclamam não da falta geral de salas populares, mas do fato de que seus filmes encontram poucas vagas nos grandes circuitos e isso, para alguns, decorre do "boicote" das distribuidoras estrangeiras. Recentemente foi publicada notícia no jornal que dizia que uma produtora não admitia que cópias em DVD fossem projetadas em salas alternativas (com ingressos mais baratos e com o devido pagamento para a distribuidora e, conseqüentemente, para os artistas). Atores de teatro reclamam dos altos aluguéis de salas, que ficaram supervalorizadas precisamente porque são ocupadas por produções incentivadas, sempre com a participação de artistas da TV, que rendem um "bom retorno" para o patrocinador. E assim por diante.

te da identidade do País. Ao mesmo tempo, abrir-se-á para as culturas do mundo. A política do nosso governo estimulará a socialização dos bens culturais e contribuirá para a livre expressão de todas as manifestações no campo da cultura. A inclusão cultural não é apenas conseqüência da inclusão social, mas contribui para o pleno acesso à cidadania e a uma existência econômica e socialmente digna.

Para realizar esses objetivos será necessário encontrar novos mecanismos de financiamento da cultura e de suas políticas, que não podem continuar, como hoje, exclusivamente submetidos ao mercado. Impõem-se aumentos substantivos das dotações orçamentárias para a cultura e a criação de fundos que permitam uma distribuição mais justa de recursos para a produção cultural. Ao mesmo tempo, será necessária uma consistente reforma do Ministério da Cultura, descentralizando suas iniciativas pelo conjunto das regiões do Brasil e estabelecendo as bases para que todas as cidades brasileiras venham a ter os seus próprios equipamentos culturais."[13]

Coloca-se corretamente a política cultural como parte de uma política mais genérica de inclusão social e para o "pleno acesso à cidadania e a uma existência econômica e socialmente digna". A formulação sobre o financiamento da cultura, entretanto, é ambígua. Permite entender tanto que se deve contrapor o mecenato privado (mercado) a um mecenato público ("distribuição mais justa de recursos para a produção cultural") como também que o aumento dos recursos para o MinC deve dirigir-se para estabelecer as bases para que todas as cidades brasileiras "venham a ter seus próprios equipamentos culturais".

---

13. Programa do PT, no *site* do partido – www.pt.org.br.

A prática de um ano de governo vem mostrando que o MinC se preocupa quase exclusivamente com a repartição do bolo para o financiamento da "produção cultural". O único seminário organizado foi sobre a modificação da legislação de incentivo fiscal, que até o final de 2003 não teve resultados. Entre as poucas e parcas ações de expansão do acesso, a única notável foi a iniciativa do Ministério da Reforma Agrária de distribuir "Arcas da Cultura" nos assentamentos.

A única polêmica sobre as leis de incentivo fiscal que teve repercussão na mídia foi a provocada pela decisão da Eletrobrás de incluir uma "contrapartida social" nos contratos de patrocínio que passaria a assinar. Essa resolução teria partido de instruções da Secretaria de Comunicação da Presidência da República e terminou simplesmente com o congelamento dessa suposta diretiva.

No final das contas, não houve ainda nenhuma mudança na legislação.

A polêmica, entretanto, merece ser lembrada para que se coloquem alguns dos termos em discussão.

As leis de incentivo fiscal – todas elas – proíbem explicitamente que as comissões que analisam os projetos culturais avaliem o conteúdo das propostas. Tais comissões devem simplesmente determinar a adequação da documentação e a coerência dos orçamentos apresentados.

O que se decide nessa instância, entretanto, é tão-somente uma licença para captar recursos. Tendo-a em mãos, seja pela Lei Rouanet, seja pela Lei do Audiovisual, o artista (ou o produtor) vai atrás dos patrocinadores.

Estes têm, fundamentalmente, a prerrogativa de usar o dinheiro público, dentro dos limites previstos, para "incentivar" os projetos que bem quiserem, desde que estejam na lista dos que receberam a "licença para captar".

Ao conceder essa licença, o governo está explicitamente proibido de fazer considerações qualitativas sobre a obra a ser "incentivada". O "patrocinador", entretanto, o faz sempre: só solta a grana da qual é depositário (e não proprietário) para o projeto que melhor convier a seus interesses mercadológicos ou pessoais.

A tarefa de avaliar a relevância cultural é transferida para o devedor de imposto de renda, que, segundo critérios próprios, escolhe beneficiar este ou aquele projeto cultural, em detrimento de outro qualquer que não lhe caiu no gosto ou não lhe parecia oferecer o "retorno" desejado.

Quando o dito "patrocinador" é uma empresa pública, esta passa a ter o mesmo direito discricionário de avaliar o conteúdo do projeto, estimar sua relevância mercadológica e estabelecer os critérios que achar melhor para transferir os recursos que, mais uma vez repito, não são delas, e sim do Estado. No caso, duplamente: pela renúncia ao recolhimento do imposto de renda e pelo controle acionário da estatal em questão.

Sem critérios, a empresa ficará tão-somente sujeita ao jogo de influências absolutamente personalizado: quem ganha essas benesses é o famoso, o estabelecido, o que tem o "QI" (de "quem indica") mais forte.

E os contribuintes têm o direito de saber se sua contribuição está servindo para algo mais que a satisfação do ego do artista.

Para escapar do personalismo, do favoritismo e do compadrismo e estabelecer regras de impessoalidade no trato dos recursos públicos, o governo tem o direito de criar leis e critérios objetivos, necessariamente extra-artísticos, para a concessão de benefícios para projetos, culturais ou não.

Os cineastas torceram a polêmica na tentativa de estabelecer essa diretiva – uma modestíssima interferência na farra de uso de recursos públicos para benefícios privados – como se fosse a volta da censura. E conseguiram.

O Ministério da Educação, por sua vez, continuou aplicando as mesmas políticas concentradoras e enviesadas no que diz respeito ao livro não-didático, conforme se examinará em outro capítulo.

Em resumo, se houve um instante, ainda que fugaz, em que se poderia pensar que as questões de política cultural se encaminhariam para a democratização do acesso, para a compreensão da cultura como instrumento de cidadania e inclusão econômica e social, esse momento se esvaiu com a simples tentativa de aperfeiçoar os mecanismos de incentivo fiscal voltados para a produção de bens culturais.

O MinC se propõe simplesmente a fazer melhor a mesma coisa. E não é só o caminho do inferno que é calcado nas boas intenções. O da manutenção do passado também.

É uma questão de opção política. Atores e diretores valorizam muito as sessões de cinema no Planalto. Mas os conterrâneos que continuam em Caetés, nem querendo, nem pagando, podem ver os filmes do "renascimento" do cinema nacional. Lá não tem cinema. Mas foi com o dinheiro que também é deles que se produziram esses filmes. E eles – como milhões de outros brasileiros – não têm, de fato, o direito de vê-los. Também não têm o direito de ler os livros que não estão nas bibliotecas públicas, inexistentes, e muito menos assistir a boas peças ou a bons espetáculos de música que jamais chegam aos também inexistentes teatros locais. Nem os que poderiam ser feitos pelos seus vizinhos que gostam de tocar e não têm instrumentos ou local para ensaiar.

A questão real, portanto, é a do acesso aos bens culturais. Política cultural que se preocupa exclusivamente em distribuir recursos para a produção de bens culturais e não para o acesso da cidadania aos bens produzidos é simplesmente a reprodução do passado.

PARTE II
O LIVRO E A
POLÍTICA CULTURAL

A indústria editorial no Brasil no século XX

Impasses do mercado editorial brasileiro

Os programas federais de aquisição de livros

O fomento ao livro nas estruturas governamentais

A indústria editorial no Brasil no século XX[*]

> O Brasil apresenta no campo editorial, como em tudo mais, uma ampla gama de superlativos e extremos. Poucos países levaram tanto tempo para desenvolver uma indústria editorial nacional. Mas poucos a desenvolveram tanto nos últimos anos. E nenhum país do Terceiro Mundo possui hoje uma indústria editorial, em uma única língua, tão grande.
>
> Laurence Hallewell, *O livro no Brasil (sua história)*
> TAQ/Edusp, 1985[1]

De fato, a indústria editorial brasileira chega ao final do século XX como a maior da América Latina e, segundo o Euromonitor em estudo sobre a indústria editorial no mundo, é a oitava em volume de produção do planeta.

Como se chegou até aqui?

---

[*] Este trabalho foi redigido por solicitação do Centro Regional para el Fomento del Libro em América Latina y el Caribe (Cerlalc), órgão afiliado à Unesco, em 1999, e publicado em abril de 2000 no livro *Historia de las empresas editoriales de América Latina*, de Juan Gustavo Cobo Borda (ed.), *op. cit*. A versão aqui apresentada está revisada e ampliada em uma seção que aborda os últimos anos do século XX e as perspectivas iniciais do novo século.

1. Laurence Hallewell. *O livro no Brasil (sua história)*. São Paulo: TAQ/Edusp, 1985. Laurence Hallewell é o autor da mais abrangente história da editoração no Brasil. Seu livro é um repositório de fatos inestimável e foi a base da maior parte das informações factuais deste trabalho. As lacunas, as interpretações e os dados mais recentes são, obviamente, de minha inteira responsabilidade. Aqui ficam os agradecimentos, posto que, sem o livro de Hallewell, a pesquisa de fontes primárias teria que ser extensa e tornaria este trabalho, de cunho genérico e informativo, impossível.

O Brasil e a indústria editorial
na virada do século XIX ao XX

Na ocasião da Proclamação da República, em 1889, o país tinha cerca de 14,3 milhões de habitantes. Apenas 6% da população vivia em cidades de mais de 50 mil habitantes, e a maior delas era o Rio de Janeiro, capital do Império e da recém-fundada República.

Como assinala Hallewell, a publicação de livros no Brasil começou em época muito tardia. Portugal proibia a existência de imprensa em sua colônia. Foi somente em 1808, quando D. João – então príncipe regente e posteriormente D. João VI de Portugal – chegou ao Rio de Janeiro, fugido da invasão napoleônica, que o país teve sua primeira imprensa. A corte trouxera de Portugal os equipamentos da Imprensa Régia e também o núcleo do acervo que mais tarde constituiria a Biblioteca Nacional, incluindo-se aí obras raras e incunábulos.

Durante todo o Império, entretanto, a atividade editorial foi absolutamente secundária. A Imprensa Régia foi utilizada principalmente para a impressão de documentos oficiais, embora tivesse publicado alguns ensaios e livros de moral. As outras impressoras que aqui chegaram destinavam-se, fundamentalmente, a imprimir jornais e panfletos. Na verdade, a impressão de livros só veio a acontecer comercialmente bem mais tarde, e até o final do século a maior parte dos livros editados no Brasil era feita em Portugal ou em Paris. Até mesmo publicações quinzenais, como a *Revista Popular*, editada por B. L. Garnier, eram impressas na França.

Por todo o período imperial, o que existia de atividade editorial estava concentrado no Rio de Janeiro, com raras aparições em São Paulo – mais para o final do século – e em algumas províncias, durante momentos de efervescência literária ou em alguns casos de conturbações políticas.

Segundo Hallewell,

> a razão básica da preferência pela impressão européia era de natureza econômica. Mesmo arcando com o custo do frete transatlântico (50 francos por tonelada, mais 10% *ad valorem*, Le Havre–Rio na metade da década de 40, tarifa para livros), o produto europeu era mais barato e de melhor qualidade, tanto técnica quanto esteticamente, do que aquele feito no Rio. Até então a impressão de livros fora um complemento útil para as tipografias dos jornais aproveitarem horas ociosas [...].[2]

Esses fatores eram decorrentes, em parte, das próprias condições econômicas e tecnológicas da produção de livros. Somente a partir de meados do século XIX os grandes centros editoriais da Europa e da América do Norte passaram a ter empresas gráficas totalmente dedicadas à impressão de livros. O atraso tecnológico na produção do papel no Brasil e as tarifas alfandegárias também desestimulavam a fabricação local.

No final desse século duas editoras praticamente monopolizavam a edição de livros no país. As casas dirigidas por Eduard Laemmert e Baptiste Louis Garnier publicaram os títulos mais importantes da literatura brasileira na época e foram também as pioneiras na produção de livros de informação e escolares.

O alemão de Baden Eduard Laemmert foi o primeiro a chegar. Veio no final da década de 1820, como representante de uma agência

---

2. Hallewell, *op. cit.*, p. 129.

francesa – apesar de alemão, Laemmert era da Renânia, onde a influência francesa era francamente dominante – que decidiu abrir uma filial no Rio de Janeiro. Tinha 21 anos de idade. Depois de alguns anos trabalhando como representante dos franceses, associado com um português já radicado no Brasil, abriu, em sociedade com seu irmão, a Typographia Universal. Logo depois começaram a publicar uma *Folhinha* (calendário) anual, que, em 1844, se transformou no *Almanack administrativo, mercantil e industrial da corte e província do Rio de Janeiro*, mas logo ficou conhecido como *Almanack Laemmert*. O almanaque recolhia informações sobre todo o Império e a partir de 1875 cada edição anual chegava a ter 1.700 páginas. No final de 1909, quando abandonou a edição, a Laemmert tinha produzido um total de 1.440 trabalhos de autores brasileiros e cerca de quatrocentas traduções do inglês, francês, alemão e italiano.

Laemmert nunca chegou a ser um grande editor de literatura, mas seus catálogos com manuais técnicos e os livros de "faça você mesmo" eram abundantes e lucrativos. Hallewell cita alguns desses títulos: *Guia do jardineiro, horticultor e lavrador brasileiro*, *O cavalo; ou tratado completo sobre a criação, alimentação, escolha, tratamento e aplicação das raças cavalares à agricultura, à indústria e à arte*. Publicou também livros de medicina para uso pessoal, de culinária, coleções com modelos de cartas comerciais, coleções de máximas e aforismos, e livros escolares, como uma *Aritmética*, de C. B. Otoni, que vendeu muito bem por décadas. Mas seu livro "escolar" de maior sucesso foi uma das mais fantásticas expressões do chauvinismo brasileiro, de título *Por que me ufano do meu país*, escrita pelo Conde de Afonso Celso para comemorar os 400 anos do descobrimento e que, por muitos anos, foi leitura obrigatória nas escolas brasileiras.

Vindo depois de Laemmert, mas tornando-se o mais importante editor brasileiro do século XIX e da virada do século, Baptiste Louis Garnier fazia parte de uma família renomada de livreiros e editores franceses. Para ter uma idéia dessa importância, a publicação *La verité aux ouvriers, aux paysans et aux soldats*, por ocasião da Revolução de 1848, chegou à cifra inédita de meio milhão de exemplares editados. Mais tarde dedicaram-se à publicação de dicionários e foram os principais concorrentes de Larousse.

B. L. Garnier trabalhou alguns anos com seus irmãos até que, em 1844, resolveu transferir-se para o Brasil, acreditando nas possibilidades do comércio de livros do jovem império. Até 1852 operava com a chancela dos irmãos, dirigindo a filial brasileira da Garnier Frères, traduzida para Garnier Irmãos. Nessa época conseguiu a independência e sua firma passou a se chamar B. L. Garnier, apesar de manter vínculos com a família, que aparentemente foram rompidos de forma definitiva em 1865.

Garnier veio a se transformar no mais importante editor brasileiro. Foi pioneiro em várias áreas. Mandava imprimir seus livros em Paris e Londres. Foi o primeiro editor a compreender claramente a divisão de tarefas entre a edição e a impressão. Possivelmente chegou a isso por causa dos negócios da família, mas de qualquer forma foi o primeiro a estabelecer a distinção. Também pagava regularmente direitos autorais (embora com avareza), remunerava tradutores e formou o primeiro corpo de profissionais da edição brasileira, com empregados fixos cuidando da revisão dos livros. Para isso mantinha inclusive revisor permanente em Paris para a preparação do *Jornal das Famílias*, publicação quinzenal impressa na capital francesa.

B. L. Garnier morreu com fama de avarento. Tinha uma personalidade soturna, dedicada inteiramente ao trabalho e sujeita a crises de depressão, principalmente quando da ocasião da partida dos navios para a França. Sua avareza lhe valeu a transformação do significado de suas iniciais B. L. para "bom ladrão". O fato, porém, é que pagava excepcionalmente bem as traduções que mandava fazer e cumpria com regularidade os pagamentos de direitos autorais.

Garnier também introduziu no Brasil o chamado "formato francês" dos livros, brochuras de 16,6 x 10,5 cm, que prevaleceu no país por mais de meio século, e o preço fixo de capa, prática que foi adotada quase de imediato por outros editores. Suas tiragens eram relativamente grandes para a época, numa média de mil exemplares, bem maiores que a média das edições latino-americanas. Hallewell argumenta que talvez tenha sido obrigado a isso pelos altos custos brasileiros e pela necessidade de produzir os livros fora do país (lembremo-nos de que as composições eram – salvo raríssimas exceções – imediatamente desfeitas depois da impressão).

O tino comercial de Garnier também o ajudava na seleção de autores, e assim reuniu os principais escritores brasileiros da época. José de Alencar – o patriarca do romance brasileiro – foi um deles. Era o redator-chefe do *Correio Mercantil* e ali começou a publicar seus romances, sob a forma de folhetins. Depois, estes eram editados em volume por Garnier, que aproveitava a popularidade do autor, assim como a de Bernardo Guimarães e Joaquim Manuel de Macedo.

Machado de Assis foi não apenas o mais importante autor brasileiro do século XIX, como também o mais importante e fiel editado de Garnier. Todos os seus livros tiveram a chancela do editor francês.

Além do romance, da poesia, dos ensaios históricos e diplomáticos, Garnier destacou-se também na produção de livros escolares.

Hallewell conseguiu compilar os dados disponíveis sobre a população escolar na virada do século, e isso é importante para se ter a dimensão do mercado. Para uma população total de cerca de 20 milhões de habitantes em 1907, o Brasil tinha 638.378 alunos matriculados no "primário" (educação básica), 20 mil estudantes no secundário e 5.792 alunos em cursos superiores.

A evolução do livro escolar nesse período é algo ainda a ser estudado em profundidade. O certo, porém, é que a falta de títulos escolares produzidos no Brasil e adaptados às condições locais era um sério fator de impedimento do progresso da educação.

Garnier – além de Laemmert, como já se mencionou – foi um dos pioneiros no investimento em livros escolares. Publicou manuais de gramática, aritmética e geometria, história natural, instrução moral e cívica e dicionários.

Francisco Alves – jovem português que veio ao Brasil associar-se com o tio que fundara uma livraria – foi, entretanto, o primeiro editor brasileiro a fazer dos livros escolares a base fundamental de seu negócio.

É importante destacar que os militares positivistas que proclamaram a República logo tomaram iniciativas para a promoção da educação. Isso por várias razões, entre as quais a posição anticlerical de muitos deles, que se expressava também na defesa da escola pública e leiga.

Francisco Alves foi o primeiro editor a instalar filiais em cidades onde o sistema educacional progredia com mais rapidez. A Constituição republicana era extremamente descentralizada, deixando a cargo dos Estados, entre outras coisas, a educação. São Paulo, impulsionado pela lavoura do café, tomou a dianteira. No início da República instalou centenas de escolas públicas a cada ano.

Alves também conheceu e era amigo de Teófilo das Neves Leão, secretário de Educação de São Paulo, que provavelmente o estimulou a abrir, em 1893, sua primeira filial, em São Paulo. Pouco depois Manuel Pacheco Leão, filho do secretário, foi contratado para encarregar-se da filial e, em 1902, tornou-se sócio da editora. O capital para essa empreitada foi reunido por um grupo de amigos que confiava tanto em sua honestidade quanto em seu tino comercial. Em 1906 a editora abriu outra filial em Belo Horizonte, capital de Minas Gerais, o outro Estado mais rico da federação.

Francisco Alves desenvolveu sua editora com uma política de preços baixos e compra de títulos dos concorrentes. Muitas vezes até com a aquisição do próprio concorrente, como aconteceu com a Laemmert, em 1909, e em alguns casos comprava a editora porque esta publicava livros que concorriam com os de seus autores, incorporando-os ao seu catálogo.

Ao aventurar-se na publicação de literatura, um exemplo típico de autor seu foi o de Afrânio Peixoto. Este já havia publicado um tratado de medicina legal (que teve oito edições até 1938, com 25 mil exemplares vendidos) e fora eleito para a Academia de Letras a instâncias de Mário de Alencar (filho de José de Alencar; oficialmente, porém, consta que, na verdade, era filho de Machado de Assis, a quem ajudou na fundação da Academia). Afrânio Peixoto considerava que sua eleição, sem ter escrito literatura, era uma "promissória" que devia a Mário de Alencar e pagou-a desfrutando direitos autorais do livro de medicina legal em uma viagem pelo Mediterrâneo. Lá escreveu um romance – literatura que justificava sua entrada na Academia – que acabou sendo publicado por Francisco Alves e teve várias edições.

Apesar de dedicar-se principalmente ao livro didático, Francisco Alves ficou também conhecido por publicar autores jovens e desconhecidos. A síntese do seu papel foi feita por dois de seus autores, por ocasião de sua morte, em 1917. Afrânio Peixoto escreveu: "Alves sentenciou um dos seus princípios de ética editorial. Todo homem inteligente tinha direito a editar um livro. Sem êxito, não insistiria no segundo, pois negociante não queria nem forçar o público, nem falir; obtido o sucesso criara o autor, automaticamente, o direito a editar o segundo livro, e assim por diante".[3] João Ribeiro, um de seus principais autores de livros didáticos, diria:

> O que Alves estimava em mim era minha vontade de trabalhar [...]. Contribuí com muito mais do que uma "gota d'água" para sua caudalosa fortuna. Das 150 edições dos meus livros didáticos correram e correm ainda muito perto de um milhão de exemplares. Mas [...] tudo isto foi a obra do editor [...]. Em mãos de outros ou nas minhas, gramáticas e compêndios nada valeriam e disso fiquei certo por algumas experimentações decisivas. Era o editor com seu serviço admirável de propaganda [...]. Ele pagava o meu trabalho e em melhores condições que outros quaisquer [...]. Era dedicado, pronto, fiel, exato e liberal.[4]

Pelos exemplos mencionados, podemos discernir já algumas tendências que marcarão a edição brasileira nas décadas seguintes.

A primeira e mais importante é a estreita relação entre o desenvolvimento da indústria editorial e o crescimento da rede de

---
3. *Apud* Hallewell, *op. cit.*, p. 213.
4. *Ibidem*, pp. 211-2.

escolas e do número de estudantes. Isso está diretamente ligado às transformações econômicas do país e a investimentos públicos. A Proclamação da República despertou pela primeira vez a atenção séria para a questão do ensino público, laico e destinado às camadas mais amplas da população. Como diria Curtis Benjamin, o problema da publicação dos livros não se resolve com sua impressão, seja em que quantidade for, mas com a criação de um *mercado*[5] para os livros. O desenvolvimento do sistema escolar foi criando esse mercado de massas.

Por outro lado, os livros de literatura dispunham de um mercado muito mais restrito. Note-se que tanto neste ponto como mais adiante neste trabalho se destacará o crescimento da rede de escolas e do número de alunos em todos os graus, e que isso não será acompanhado por uma ampliação da rede de bibliotecas públicas. A literatura, portanto, contará apenas com o crescimento vegetativo das camadas intelectuais sem a criação de um mercado com o mesmo dinamismo para esse tipo de livro.

Assim, na virada do século XIX para o século XX, apesar da existência de autores "de prestígio" que vendiam muito e eram importantíssimos para o desenvolvimento de uma literatura brasileira, o sucesso de uns e o prestígio de outros estavam mais ligados à dinâmica do campo intelectual do que propriamente à dinâmica da indústria editorial.

Os autores de livros escolares, entretanto, produziam para um mercado cada vez mais bem definido, e seu sucesso – ainda que, certamente, estivesse repousado na qualidade do seu trabalho – dependia muito mais da capacidade de comercialização dos editores, do

---

5. Curtis G. Benjamin. *A candid critique of book publishing*. Nova York: R. R. Bowker Co., 1977, pp. 119 ss.

esforço sistemático de divulgação e convencimento dos professores e autoridades educacionais.

Essa dicotomia perduraria, como veremos mais adiante, até o final do século XX.

São Paulo como novo eixo editorial

O crescimento econômico de São Paulo a partir das décadas finais do século XIX é fenômeno conhecido. Essa expansão, baseada inicialmente no cultivo do café e posteriormente no desenvolvimento industrial, trouxe consigo uma expansão da rede de ensino. São Paulo foi o primeiro Estado do Brasil a instituir a educação primária obrigatória.

Ainda assim, nas duas primeiras décadas do século XX a atividade editorial era praticamente um monopólio do Rio de Janeiro. Em São Paulo, inicialmente, deu-se o surgimento e crescimento de livrarias, algumas das quais se transformaram também em editoras. Mas foi em São Paulo que aconteceu a grande transformação da criação de editoras que se dedicavam exclusivamente a isso, sem terem seu início baseado em livrarias.

Ainda na década de 1860 a Garnier abriu uma filial em São Paulo, que em 1865 tornou-se independente e se transformou em Casa Garraux, dirigida pelo antigo gerente, francês como o antigo patrão e que se associou a outros compatriotas. A Garraux foi considerada a melhor livraria do Brasil no final do século e, nas duas primeiras décadas do século XX, foi um importante centro da vida cultural e política da cidade, formando profissionalmente alguns importantes personagens da vida do livro no Brasil, como José Olympio e Jacinto Silva, cuja editora O Livro abrigou boa parte dos modernistas brasileiros na década de 1920, ainda que muitas vezes com edições pagas pelos autores.

Garraux nunca se tornou editor. Em 1883 voltou para a França, deixando a empresa nas mãos do genro, que continuou a trajetória de sucesso vendendo não apenas livros e material de escritório, como também vinhos, chocolates, louças e artigos para presente.

Outra livraria importante foi a Grande Livraria Paulista, que mais tarde ficou conhecida como Livraria Teixeira. Esta, sim, se transformou em editora, tendo publicado o romance naturalista *A carne*, de Júlio Ribeiro, que na época foi considerado pornográfico e chegou a ser apreendido. A Teixeira publicou vários títulos, embora sua atividade editorial tenha se tornado esporádica a partir da década de 1920. No terreno da técnica de vendas, entretanto, credita-se a essa livraria a instituição das tardes de autógrafo.

A livraria que se transformou em grande editora foi, entretanto, a fundada por Joaquim Inácio da Fonseca Saraiva. Antes, este português editava um jornal da colônia no Rio de Janeiro. Mudou-se para São Paulo, comprou uma biblioteca jurídica e montou um sebo em local muito privilegiado, perto da Faculdade de Direito de São Paulo, então uma das poucas do país e certamente a mais importante.

Saraiva fundou a Livraria Acadêmica em 1914. Como bom vendedor e com boa conversa, tornou-se amigo dos professores e alunos. Mesmo não concluindo o curso de Direito por razões financeiras, conhecia bem a área a ponto de orientar as leituras dos estudantes, além de facilitar o pagamento dos livros. Por causa disso ficou conhecido como "Conselheiro", e com esse título virou nome de rua em São Paulo.

Em 1917, Saraiva deu um passo decisivo: a convivência com o meio jurídico levou-o a editar o *Casamento civil*, de Aniceto Correa, o primeiro título de uma área na qual a hoje Editora Saraiva mantém-se na liderança no Brasil. E durante quase trinta anos só editou livros jurídicos. Somente em 1944, com a morte do "Conselheiro" e a tomada dos negócios pelos filhos Jorge, Joaquim e Paulino, a linha editorial da "Casa" foi diversificada. E com grande sucesso. Em 1948 foi iniciada a publicação da Coleção Saraiva, que se tornou famosa por publicar clássicos da literatura e vendê-los num sistema de assinatura – um tipo de clube do livro – que tinha tiragens altas a um preço muito baixo. A coleção terminou em meados da década de 1960, tendo publicado 287 títulos e alguns milhões de exemplares.

Mais tarde a Saraiva, além de continuar a linha de livros jurídicos, lançou-se também na produção de didáticos, gênero em que hoje é uma das editoras mais fortes.

Todos esses esforços foram encontrar em Monteiro Lobato o personagem catalisador da grande transformação da indústria editorial brasileira.

José Bento Monteiro Lobato era um cafeicultor paulista do Vale do Paraíba – na época já no início da decadência que o atingiria diretamente. Formado em Direito, como era praxe para a classe média, trabalhou algum tempo como promotor público no interior paulista, mas desde a época da faculdade escrevia, sob vários pseudônimos.

Certo dia transformou uma de suas preocupações como fazendeiro, a da prática das queimadas para limpeza do campo antes do cultivo, em uma carta enviada ao jornal *O Estado de S. Paulo*. "Velha praga", publicada no final de 1914, combatia esse costume perigoso e desastroso em longo prazo para a fertilidade da terra. Comparava sua luta contra as queimadas com a luta dos aliados na Europa para resistir ao *furor germanicus*. Nessa carta criou também o personagem Jeca Tatu, protótipo do caipira atrasado, consumido por verminoses e grande responsável pelas queimadas.

A carta-artigo teve grande repercussão, tanto pelo tema quanto por suas qualidades literárias, e possibilitou que se aproximasse do grupo que dirigia *O Estado de S. Paulo*. Nessa época Júlio de Mesquita, proprietário e diretor do jornal, cogitava fundar, com um grupo de amigos, uma revista dedicada a temas brasileiros. A *Revista do Brasil* foi lançada em 1916 e em pouco tempo Lobato tornou-se colaborador regular. Dois anos depois foi convidado por Júlio de Mesquita, Alfredo Pujol e Plínio Barreto para dirigir o periódico, mas alegou ser "um burrinho muito velho e chucro para ter patrão", e preferiu comprar a publicação, usando parte do dinheiro que obtivera com a venda da fazenda.

Iniciou-se então sua vida de editor.

Lobato já tinha, entretanto, publicado livros por conta própria. Em 1917 editou, à sua custa, uma pesquisa sobre um personagem folclórico brasileiro, o Saci-pererê, diabinho que pregava sustos e roubava pequenos objetos nas fazendas. No ano seguinte publicou seu primeiro livro de contos, *Urupês*, que foi um sucesso comercial. A primeira edição de mil exemplares vendeu em um mês e o livro chegou a ter 30 mil exemplares impressos nos cinco anos seguintes. A obra chamou a atenção de Lobato para a força da publicidade. Seu personagem Jeca Tatu foi citado por Ruy Barbosa, então candidato à presidência da República, em um discurso sobre os problemas do Brasil, tornando-o famoso como símbolo do atraso no campo brasileiro, e seu autor, como um dos luminares do país.

À frente da *Revista do Brasil*, transformada em editora, começou a editar os livros dos amigos, que constituíam um grupo forte de representantes intelectuais da burguesia paulista, centrados em torno de *O Estado de S. Paulo*.

Sem livraria própria, mas com uma concepção de ampliação do mercado do livro pelo território nacional, Lobato teve de enfrentar imediatamente o problema da distribuição. E, como bem sintetiza a obra *Momentos do livro no Brasil*, publicada em 1995 como comemoração dos trinta anos da Editora Ática, Lobato encontrou uma saída de grande criatividade e tino comercial:

> Em 1918, as livrarias brasileiras não passavam de trinta, concentravam-se nas capitais. Sua estratégia consistiu em escrever para os 1.300 agentes postais do país, pedindo nome e endereço de bancas de jornal, papelarias, farmácias e armazéns. Quase todos responderam ao apelo de Lobato, satisfeitos em poder colaborar com um editor de São Paulo. Desdobrando-se em esforços, conseguiu outros nomes e endereços não previstos, graças à ajuda de amigos. Resultado: os destinatários receberam uma curiosa correspondência, que dizia entre outras coisas: "Vossa Senhoria tem o seu negócio montado, e quanto mais coisas vender, maior será o lucro. Quer vender também uma coisa chamada 'livro'? Vossa Senhoria não precisa inteirar-se do que essa coisa é. Trata-se de um artigo comercial como qualquer outro: batata, querosene ou bacalhau. É uma mercadoria que não precisa examinar nem saber se é boa nem vir a esta escolher. O conteúdo não interessa a V. S., e sim ao seu cliente, o qual dela tomará conhecimento através de nossas explicações nos catálogos, prefácios etc. E, como V. S. receberá esse artigo em consignação, não perderá coi-

sa alguma no que propomos". Os pontos-de-venda subiram imediatamente para 2 mil. Só não entraram açougues, porque Lobato não queria seus livros manchados de sangue.[6]

A partir de 1919 a empresa passou a chamar-se Monteiro Lobato & Cia. Publicava principalmente autores novos, alguns deles de grande sucesso.

Um destes iniciou no Brasil o que se poderia chamar de "divulgação histórica". Paulo Setúbal escreveu relatos romanceados de personagens e fatos da história do Brasil e vendeu enorme quantidade de exemplares, uma tiragem média de 15 mil para cada um dos seis títulos publicados no decorrer da década de 1920. Isso na época em que a tiragem de obras gerais – como ainda hoje – raramente ultrapassava os três mil exemplares.

Em 1920 Lobato iniciou a empreitada que o tornou não apenas mais uma vez pioneiro, como também consolidou seu nome por várias gerações de leitores. Lançou-se na literatura infantil com *A menina do narizinho arrebitado*, ilustrado por Voltolino – importante desenhista e ilustrador da época –, com uma tiragem inicial de 50.500 exemplares.

Inovou também ao publicar anúncios de página inteira em jornais e enviar quinhentos exemplares gratuitamente para as escolas, inaugurando um método de divulgação que se tornaria praxe do setor nas décadas seguintes.

Para o público, Monteiro Lobato ficou na história como o grande autor de literatura infantil. Para a indústria editorial, entretanto,

---

6. *Momentos do livro no Brasil*. São Paulo: Ática, 1996, p. 49.

seu papel foi o de um verdadeiro fundador da moderna editoração no Brasil: o relacionamento com os autores, com o pagamento correto e vantajoso de direitos autorais, o cuidado com as capas, com o papel, com a diagramação do livro, inovando em formatos, limpeza dos tipos e clareza da impressão.

A Monteiro Lobato & Cia. crescia de forma notável. A etapa seguinte empreendida por Lobato foi a do aparelhamento gráfico. De fato, o conjunto das melhorias que estava introduzindo na produção de livros no país não seria possível com o estado do parque gráfico brasileiro. Já em 1919 começou a importar papel próprio, de melhor qualidade que o até então usado nas impressões nacionais – e não é à toa que muitos livros eram ainda impressos no exterior, processo que havia sido dificultado, se não interrompido, quando da Primeira Guerra Mundial.

Em princípios de 1920, segundo Hallewell, a Monteiro Lobato & Cia. vendia em média quatro mil livros por mês e tinha uma edição nova a cada semana. Não era a maior editora paulista, mas provavelmente instigou um "inquérito" realizado por *O Estado de S. Paulo* em 1920 e reproduzido na *Revista do Brasil*. O resultado da pesquisa lista 209 títulos de quinze editoras, das quais seis produziam mais títulos ou exemplares que a Monteiro Lobato & Cia., a qual publicou, naquele ano, quinze títulos e um total de 56 mil exemplares.

As editoras eram:

- Cia. Melhoramentos – 35 títulos com 144.700 exemplares
- Paulo de Azevedo e Cia. (Francisco Alves) – 32 títulos com 113 mil exemplares
- Augusto Siqueira e Cia. – 26 títulos com 156 mil exemplares
- Livraria Magalhães – 13 títulos com 100 mil exemplares

- D. Silva – 11 títulos com 60 mil exemplares
- Empresa Editora "Chácaras e Quintais" – 8 títulos com 80 mil exemplares[7]

O ano do "inquérito" foi o último de prosperidade do pós-guerra e várias das editoras citadas entraram em processo de decadência. A Monteiro Lobato & Cia., entretanto, estava em pleno crescimento. De fato, esta e sua sucessora, a Companhia Editora Nacional, tornaram-se as maiores editoras do Brasil até a década de 1970, como veremos.

Antes do surgimento da Nacional, Lobato teve de enfrentar uma série crise.

As dificuldades da editora de Lobato decorreram dos investimentos na gráfica, cujo desempenho foi prejudicado pela Revolução de 1924 em São Paulo e pelo arrocho econômico imposto pelo governo Arthur Bernardes. Este afetou tremendamente as empresas de baixa liquidez, como era o seu caso, com as dívidas contraídas na construção da gráfica, que ocupava uma área de 5 mil m² num bairro de São Paulo.

Para seu azar, uma seca afetou o desempenho das usinas hidrelétricas, o que interrompeu o funcionamento das suas modernas máquinas por mais de três meses. As dificuldades de liquidez da empresa e a impetuosidade de Lobato fizeram que não procurasse um acordo com os credores e partisse para a liquidação da firma, no final de 1925.

Lobato tinha como sócio, já há alguns anos, Octalles Marcondes Ferreira, dono do espírito prático e comercial que era necessário

---

7. Cf. Hallewell, *op. cit.*, p. 255.

para contrabalançar sua impetuosidade. Octalles estava viajando quando Lobato decidiu pedir falência, e perdeu, com o sócio, muito dinheiro nisso. Mas logo Octalles convenceu-o a começar tudo de novo. Venderam uma loja lotérica que tinham em sociedade e fundaram a Companhia Editora Nacional, outro dos grandes monumentos da edição brasileira, cujo papel logo será examinado.

Antes de prosseguir na saga lobatiana, é conveniente examinar o restante do panorama paulista.

Entre as editoras listadas no "inquérito", uma cresceria ainda mais em importância específica na história da indústria editorial brasileira. É a Companhia Melhoramentos de S. Paulo, fundada em 1890 por um grupo de proprietários de terras e fornecedores de cal, madeira para dormentes e outros materiais de construção para o "melhoramento" da cidade de São Paulo. As enormes reservas de florestas da área logo foram utilizadas pelos primeiros proprietários para a construção de uma fábrica de papel, que passou progressivamente a assumir maior importância. Na mesma época, três irmãos provenientes de Hamburgo (Alemanha) chegaram ao Brasil e instalaram uma oficina de encadernação de livros, que logo ganhou uma tipografia. Os irmãos Weiszflog começaram a publicar em 1915, com uma versão de *O patinho feio*, de Andersen, iniciando a produção de livros infantis no Brasil e fundando um dos esteios de sua editora. A tradição de excelência gráfica da Melhoramentos começou também com esse livro, que foi o primeiro impresso em quatro cores no Brasil.

Em 1920, sob a liderança de Alfried Weiszflog, adquiriram o controle acionário da antiga fábrica de papel e unificaram as duas empresas.

Durante décadas a Melhoramentos foi um exemplo perfeito de integração vertical. Seu lema, significativamente, era "do pinheiro ao livro": produzia papel, editava, imprimia, encadernava e chegou a ter uma rede de livrarias. Atualmente a empresa mantém forte presença na produção de livros infantis e de referência. A gráfica foi vendida para a multinacional Quebecor diante de dificuldades de liquidez da empresa. Não produz mais papel para imprimir, mas continua ativa na produção de celulose. A família Weiszflog e seus descendentes ainda são os controladores da empresa e a Melhoramentos é o grupo familiar mais antigo em atividade contínua no mundo editorial brasileiro.

Dentre outras editoras que produziam mais que Lobato em 1920, sobreviveu a firma de Paulo de Azevedo e Cia., sucessora de Francisco Alves. A empresa existe, com o nome original, até hoje, como editora de livros gerais, tendo perdido sua posição na área de didáticos há muitos anos.

Em contrapartida, dentre as que em 1920 eram menores que Lobato na lista do "inquérito", vale mencionar duas. A primeira é a Saraiva, então nos seus primórdios, mas que cresceria exponencialmente, como vimos. A segunda é a Empresa Editora O Pensamento, especializada em obras sobre espiritualismo e ocultismo. Esta também prospera até hoje, com a mesma linha, gráfica própria e tendo como carro-chefe o almanaque *O Pensamento*, de edição anual. Ainda é uma das editoras mais importantes do setor.

Depois da falência da Monteiro Lobato & Cia., as máquinas e instalações que havia importado foram a leilão, com os credores ansiosos para receber seus haveres. Lobato e Octalles convenceram dois antigos associados, Natal Daiuto e Savério D'Agostino, a adquirir parte do equipamento. Assim surgiu a São Paulo Editora, que na verdade só tinha editora no nome, posto que passou quase de imediato a prestar serviços gráficos à recém-fundada Cia. Editora Nacional, a fênix de

Lobato e Octalles. As outras máquinas foram adquiridas pela Editora Revista dos Tribunais, que publicava jurisprudência e livros jurídicos.

Esse maquinário adquirido pelas duas empresas era o mais moderno do país. Para Lobato e Octalles a fundação da São Paulo Editora foi muito importante, pois não apenas continuavam disponíveis as impressoras modernas, como ainda contavam com a colaboração de um de seus melhores impressores. A Empresa Gráfica Revista dos Tribunais, subsidiária da editora, também ajudou a garantir a qualidade e a disponibilidade de impressão para os anos seguintes.

É importante destacar aqui que o surgimento dessas gráficas especializadas abriu espaço para um tipo de financiamento que, mais tarde, se tornaria corriqueiro. Como as máquinas tinham sido adquiridas por preço relativamente baixo, estavam sem ônus e gravames; logo as duas empresas levantaram financiamentos bancários dando-as como garantia, e assim puderam financiar os editores, que por sua vez financiavam os livreiros, um esquema que persiste até hoje, em grande medida. Os editores, no entanto, não tinham outros bens como garantia se não os seus livros, os quais não eram aceitos como ativos pelos banqueiros e, portanto, tinham muito mais restrição para acesso ao crédito. Essas dificuldades de financiamento persistem até hoje, também em grande medida.

A Nacional teve êxito imediato, posto que continuou a pôr em prática os métodos de Lobato, secundados pelo tino comercial de Octalles, de forma que em poucos meses haviam recuperado os títulos e estoques da antiga firma.

As dificuldades voltaram, porém, em 1926, com o estabelecimento de impostos para a importação de papel para livros. A cota utilizada para jornais e revistas continuava isenta de tarifas, mas as que incidiam no papel para livros eram muito pesadas. Isso favoreceu momentaneamente os livros portugueses, mas a Nacional sobreviveu e cresceu com enorme dedicação ao livro didático, ampliando as técnicas mercadológicas adotadas, ainda que de maneira incipiente, quando da publicação de *Narizinho*.

Por essa época se desenvolvia, no Brasil, toda uma nova mentalidade acerca da escola. Educadores como Anísio Teixeira, Lourenço Filho, Fernando de Azevedo e outros promoviam um amplo movimento de reformulação da educação, que veio a ser conhecido como Escola Nova e que se cristalizou na primeira grande reforma do ensino, feita alguns anos depois, já no período getulista, com Gustavo Capanema no Ministério da Educação.

Esse esforço de transformar a educação teve conseqüências profundas no mercado editorial. O consumo de livros escolares teve crescimento constante, independentemente da aquisição direta pelo governo, que veio a se institucionalizar depois do Golpe de 1964, como se verá.

A trajetória da Cia. Editora Nacional ainda provocaria dois efeitos benéficos, apesar de estes terem nascido de cisões na empresa. Eles contribuíram para aumentar e diversificar a produção editorial brasileira, explorando, em alguns casos, nichos que haviam sido abandonados ou tinham pouca atenção na Nacional.

Ambas as cisões ocorreram em 1943. Na primeira, seis professores, funcionários da área de produção de livros didáticos, deixaram a empresa e fundaram a Editora do Brasil. Esta logo se tornou uma empresa forte na área de livros escolares e continua sendo assim até hoje, embora não com o mesmo vigor da década de 1950.

A segunda cisão foi mais curiosa. Arthur Neves, um dos principais auxiliares de Octalles, ficou impressionado com o êxito de uma editora de origem estadunidense, a W. M. Jackson Co., a qual iniciou no Brasil a venda de coleções. Ela tinha adquirido os direitos das obras de Machado de Assis e as vendia por esse método. Da mesma forma produziu uma enciclopédia em vinte volumes e outra juvenil, o *Tesouro da juventude*, que até hoje circula, desatualizada, sob outro selo. Arthur Neves queria convencer Octalles a entrar no ramo, mas não obteve sucesso. Este último acreditava firmemente na venda em balcão e achava que os livros de coleções eram "impingidos" ao comprador. Essa postura elitista, diga-se de passagem, prevalece até hoje, com o setor de vendas "de porta em porta" muitas vezes sofrendo discriminações por parte de editores tradicionais.

Arthur Neves decidiu então fundar sua própria firma. Conseguiu com a Empresa Gráfica Revista dos Tribunais um crédito para impressão e associou-se a Caio Prado Júnior, economista marxista, de tradicional família paulistana e amigo íntimo de Lobato. Foi também incorporada à sociedade a escritora Maria José Dupré, que tinha grande sucesso na época com o romance intitulado *Éramos seis*. O mais surpreendente de tudo, porém, foi o fato de Neves ter conseguido a adesão do próprio Lobato para a empreitada. Era o surgimento da Editora Brasiliense, o terceiro "filho" de Lobato.

Segundo Hallewell, a amizade entre Octalles e Lobato era tão grande que aquele não fez nenhuma objeção a que este levasse seus livros para a nova editora, embora os títulos fossem de propriedade da Nacional. Segundo Octalles, ainda citado por Hallewell, a amizade e a ligação entre os dois perdurou até a morte de Lobato, em 1948, embora cite também um depoimento de que havia acontecido uma ruptura em 1945.[8]

---

8. Hallewell, *op. cit.*, pp. 290-1.

A Brasiliense não se limitou à edição de coleções. Publicou também uma revista que fez época no pensamento social brasileiro e muitas obras de economia, política e sociologia, tanto escritas por um dos sócios, Caio Prado Jr., um dos mais importantes historiadores brasileiros, como por outros autores de esquerda. Nas décadas de 1960 e 1970, transformou-se numa das mais importantes editoras de obras gerais, com grande ênfase nos ensaios, e formou novos editores entre os que ali trabalharam.

Para encerrar aqui a saga da Nacional, cabem ainda dois registros. O primeiro foi o excepcional trabalho de edição da Coleção Brasiliana. Foram centenas de volumes (cerca de quatrocentos), a maior parte de grande valor histórico e ensaístico, caracterizando um dos mais completos *corpus* de obras sobre o Brasil. A coleção, entretanto, sofreu pressões políticas intensas, principalmente durante a ditadura getulista, quando chegou a publicar obras anti-semitas e propaganda parafascista.

O segundo registro corresponde ao término da saga da Nacional no final dos anos de 1970. A morte de Octalles, repentinamente, em 1973, levou a dissensões familiares que resultaram na crise econômica e financeira e, em consequência, a empresa foi adquirida pelo Banco Nacional de Desenvolvimento Econômico (BNDE) no bojo de um financiamento que incluía a Editora José Olympio. O BNDE teve ordens do Marechal Castello Branco, o primeiro presidente militar após o Golpe de 1964, para intervir no mercado editorial e pagou o equivalente a mais de US$ 14 milhões pela empresa, tendo de vendê-la depois para o Ibep, outro grupo didático, por aproximadamente US$ 4,5 milhões. Castello Branco atuou dessa forma com base na suposição de que editoras estadunidenses se preparavam para tomar o mercado de livros escolares do país, com o que não concordava.

Assim terminou a obra de Octalles. A Nacional ainda existe nominalmente, mas a sua encarnação Ibep/Nacional, embora ainda uma grande editora de livros didáticos, é apenas uma pálida imagem do que foi sob o comando de Octalles.

A edição no Rio

A evolução do mercado editorial no Rio de Janeiro não acompanhou a dinâmica do de São Paulo. Nos anos de 1920, embora fosse a maior cidade do Brasil, o Rio de Janeiro já não era o centro da edição.

Cabe aqui uma observação. Embora, como vimos, as editoras paulistas tivessem seu peso fundamental na publicação de livros didáticos, tanto em São Paulo como no Rio de Janeiro a publicação de literatura tinha, sob certos aspectos, regredido a uma situação pior do que a da época de Garnier. Praticamente toda a produção dos modernistas foi publicada à custa dos próprios autores, com as editoras fazendo o simples papel de selo. Com a exceção dos mais conhecidos e de uma safra de escritores populares, como João do Rio, Benjamin Costallat, Humberto de Campos e outros, a praxe era a contribuição dos autores na edição de suas obras.

Apesar da imensa importância cultural – e às vezes política – da produção literária do período, seu papel no desenvolvimento da indústria editorial foi irrisório, salvo no aspecto formal. Integrado também por artistas plásticos revolucionários, o movimento modernista produziu revistas e livros de excepcional beleza gráfica e plástica, embora em muitos casos com péssima produção editorial e acabamento.

No Rio de Janeiro não se registrou na década de 1920 nenhuma mudança significativa na história da edição. A Francisco Alves tinha sua loja de maior sucesso em São Paulo, e o próprio comércio languescia.

Depois da Revolução de 1930, entretanto, as coisas começaram a se movimentar novamente na capital da República, principalmente na área de literatura.

O primeiro editor moderno do Rio de Janeiro foi Augusto Frederico Schmidt, homem de negócios e poeta, integrante de um grupo de orientação católica e antipositivista. O antipositivismo era parte da reação contra a chamada República Velha, que fora liquidada pela Revolução de 1930. O primeiro nome da editora de Schmidt foi Livraria Católica, que logo depois mudou-o para Livraria Schmidt Editora, e publicava tanto autores de esquerda como de direita, num *mélange* que espantaria os intelectuais de alguns anos depois, cindidos entre comunistas e integralistas, a versão nacional do fascismo. Schmidt lançou uma Coleção Azul especialmente para apresentar o debate político, e nela publicou livros de todas as tendências, embora o debate se centrasse principalmente entre os pensadores corporativistas – que mais tarde descambariam para o fascismo – e os defensores dos princípios da Revolução de 1930, que incluía forte presença dos militares na vida política nacional.

Schmidt publicou também ficção da melhor qualidade, tendo sido o editor de dois importantíssimos romancistas da segunda fase do modernismo brasileiro. Rachel de Queiroz, que já havia lançado seu primeiro romance, *O quinze*, no Ceará, já reimpresso pela Nacional, teve em Schmidt seu editor para o romance seguinte, *João Miguel*.

Sua grande descoberta, entretanto, foi Graciliano Ramos, de quem publicou o primeiro romance, *Caetés*. Outro grande lançamento da editora foi o ensaio do jovem sociólogo pernambucano Gilberto Freyre, *Casa-grande & senzala*, livro que marcaria de forma indelével a percepção que os brasileiros tinham de si mesmos e de seu processo de formação histórica.

A aventura de Schmidt durou poucos anos. Em 1937 vendeu sua editora para Zélio Valverde, importante editor na década de 1940.

O principal editor carioca do período, no entanto, foi José Olympio, o qual começou sua vida de livreiro na Garraux, em São Paulo. Iniciou suas atividades próprias de negociante quando, com a ajuda de amigos e clientes que cultivara enquanto na Garraux, comprou a biblioteca de Alfredo Pujol, recém-falecido. Apesar de ter sido oferecida ao governo de São Paulo, o jovem livreiro cobriu a oferta. Correspondia à maior biblioteca particular do Estado, e, como bibliófilo, Pujol ainda encomendava obras de tiragem limitada, para colecionadores. Com esse acervo magnífico, José Olympio começou sua atividade como livreiro. Pouco depois comprou outra biblioteca importante, a de Estêvão de Almeida.

Em 1931, portanto, o jovem livreiro estava estabelecido em São Paulo, e no começo de 1932 lançou seu primeiro livro, *Conhece-te pela psicanálise*, tradução de um manual de divulgação do freudismo, sucessivamente reimpresso nos vinte anos seguintes.

A situação política e econômica em São Paulo, entretanto, era muito complicada, já que o Estado havia perdido a hegemonia política que desfrutava antes da Revolução de 1930. Em 1932 estourou a Revolução Constitucionalista, guerra civil que durou três meses. Claro que isso desorganizou os negócios, não apenas os de José Olympio, mas a editora logrou sobreviver e pouco depois do conflito conseguiu um autor que lhe deu grande impulso inicial: Humberto de Campos, contista, ensaísta e crítico muito popular na época, e que editou pela "Casa" até 1940.

Em 1934 José Olympio tomou uma iniciativa inusitada. José Lins do Rego, que já havia publicado dois romances, *Menino de engenho* e *Doidinho*, por duas editoras menores do Rio de Janeiro – a Andersen Editores, fundada por Adolfo Aizen, que depois fundou a Ebal e foi o principal divulgador das revistas em quadrinhos nos anos seguintes, e a Ariel, que mantinha um prestigioso boletim de divulgação de suas publicações –, recebeu uma proposta de J. O. (como ficou depois conhecido, e a editora era simplesmente a "Casa") para lançar uma nova edição de três mil exemplares do *Menino de engenho* e outra de cinco mil de *Bangüê*, que tinha sido anunciado na capa de *Doidinho*. O autor não vacilou, e J. O. também não: pagou integralmente os direitos autorais da edição ao autor no dia em que recebeu os originais do romance. Era um feito inédito no mercado editorial brasileiro, que resultou em enorme publicidade.

Vender os exemplares, entretanto, não foi fácil. J. O. tentou enviar o livro em consignação para todos os livreiros, os quais devolviam a maioria dos exemplares. A edição levou cinco anos para se esgotar, embora viesse a ter 29 reimpressões até 1981.

Logo depois da publicação de *Bangüê*, J. O. mudou a sede da editora para o Rio de Janeiro.

Nos anos seguintes a "Casa" tornou-se a principal editora de literatura no Brasil. Acolheu muitos autores da área que haviam estado em outras editoras ou publicado livros por conta própria, e passou a lhes dar um prestígio decorrente do fato de ter se tornado a editora da "moda". E progressivamente foi incorporando ao seu catálogo os nomes mais importantes da literatura brasileira: Graciliano Ramos, Rachel de Queiroz, Jorge Amado, Dinah Silveira de Queiroz, Guimarães Rosa e muitos outros. Além de literatura, a "Casa" publicou também uma extensa série de ensaios, a Documentos Brasileiros, que foi sua contraposição à Brasiliana da Nacional e que publicou obras de imenso valor, mas também livros de contingência política, inclusive uma coletânea de discursos e ensaios de Getúlio Vargas, amigo e protetor da "Casa".

Essas relações, e o cuidado que J. O. tinha com os autores, evitaram que a editora sofresse de forma extrema rigores da censura que se instalou a partir de 1937 e que levou ao fechamento de outras editoras, como foi o caso da Edições Cultura Brasileira, que teve que fechar diante da apreensão de grande número de seus livros. A José Olympio sofreu a ação da censura, principalmente depois do Estado Novo, e até por razões curiosas: foram apreendidos livros dos integralistas, que, no momento anterior, pareciam estar em plena ascensão e foram esmagados por Getúlio, que tinha sua versão própria e particular do fascismo e não aceitou ser manipulado por Plínio Salgado, o grande chefe do integralismo.

Alguns de seus autores também foram presos – como Jorge Amado e Graciliano Ramos. José Olympio, entretanto, conseguiu driblar essas dificuldades e continuou publicando-os, dando mostras de notável habilidade diplomática para lidar com a direita e a esquerda.

Outro aspecto de destaque na produção da "Casa" foi o tratamento gráfico dos livros, o qual contou com a colaboração sucessiva de grandes capistas e ilustradores. Primeiro por Tomás Santa Rosa, seguido por Luís Jardim e finalmente por Poty Lazarotto. Na etapa final contou com a colaboração de Eugênio Hirsch, um grande renovador da elaboração de capas, que tinha feito um excelente trabalho na Civilização Brasileira. Os livros da "Casa" eram bem cuidados, traziam as indicações bibliográficas e técnicas corretas para a identificação da edição e tinham um acabamento que os colocou, por muitos anos, como um marco na editoração brasileira.

No final dos anos de 1960, embalada pelo "milagre brasileiro", a J. O. embarcou em duas empreitadas que lhe custaram a saúde financeira e levaram à absorção da editora pelo BNDE. Primeiro, perdeu dinheiro em especulação no mercado de capitais. Depois, investiu de forma desordenada no livro didático, em coleções para professores e em vendas no crediário. Por fim, houve a abortada compra da Nacional depois da morte de Octalles. O aumento dos custos do papel com a crise do petróleo de 1973 terminou por complicar a situação. Os contatos de J. O. fracassaram na associação com empresas estadunidenses – houve negociações com a Harcourt e a Brace – e, depois, com um grupo português. Mas, como fruto de seus contatos políticos, a empresa conseguiu um empréstimo de cerca de US$ 22 milhões do BNDE, destinados à compra da Nacional e ao capital de giro. O negócio não tinha mais salvação, diante da inadimplência da operação de crediário, e o Banco acabou intervindo e assumindo o controle total de ambas as empresas. A conseqüência, como vimos, foi uma sangria para os cofres do governo de vários milhões de dólares que teve como resultado subsidiário enorme relutância posterior do principal banco de fomento do governo federal para investir no setor editorial.

A J. O. acabou sendo vendida posteriormente para um investidor privado, que morreu poucos anos depois. Ainda existe como empresa, embora sua posição seja modestíssima na produção editorial brasileira. Recentemente foi adquirida pela Editora Record, que está revitalizando a editora.

A edição no Rio Grande do Sul

A indústria editorial brasileira foi e é muito centralizada. O eixo Rio–São Paulo concentra a grande maioria das editoras brasileiras, de todos os tipos, e só em período relativamente recente houve um crescimento efetivo em cidades como Belo Horizonte e Curitiba.

A exceção, desde os anos de 1930, é Porto Alegre. Hoje, o Rio Grande do Sul é o terceiro pólo editorial do país, e tem características específicas. É de assinalar, como o faz Hallewell, que, antes dessa época, o Estado rio-grandense estimulava francamente a pirataria de direitos autorais, e algumas editoras chegaram a prosperar ali com a produção de traduções. Érico Veríssimo, importante escritor e um dos responsáveis pelo sucesso da Editora Globo mais tarde, recorda que, ainda em 1931, traduzia "contos e artigos de revistas americanas, francesas, inglesas, italianas e argentinas".[9]

Mas não foi por meio da pirataria que a Globo se tornou uma das grandes editoras brasileiras, embora um de seus esteios tenha sido efetivamente a tradução.

A Livraria Globo foi fundada por volta de 1880 por um imigrante português, Laudelino Barcellos. Em 1883 empregou o jovem José Bertaso, que veio a se tornar sócio e, com a morte de Barcellos, em 1919, proprietário. Bertaso, ao que consta, previu a escassez de papel no final da Primeira Guerra Mundial e importou uma grande quantidade, a qual lhe deu muito lucro na revenda posterior. Em 1922 começou a publicar livros de autores locais, uma operação conduzida por Mansueto Bernardi, italiano que conseguiu vencer a resistência

---

9. Cf. Hallewell, *op. cit.*, p. 311.

do dono nessa empreitada arriscada. Ele lançou também a *Revista do Globo* e tomou a iniciativa de promover algumas traduções.

Bernardi ficou na editora até pouco depois de 1930. O filho do dono, Henrique Bertaso, que começou a trabalhar na livraria em 1922, assumiu a parte editorial, auxiliado pelo jovem escritor Érico Veríssimo.

A grande recessão da década de 1930 tornou difícil a importação de livros franceses e portugueses, os quais abasteciam a elite letrada da época, principalmente depois que a moeda nacional sofreu forte desvalorização. Bertaso então aproveitou a oportunidade para lançar traduções, em sua maioria estadunidenses (pois era assinante e admirador da *Publishers Weekly*), que marcariam uma virada na francofilia nacional, até então prevalecente.

Auxiliado por Veríssimo, Bertaso lançou um ambicioso programa de traduções de clássicos e contemporâneos. Uma das façanhas mais importantes foi a tradução completa da *Comédia humana*, de Balzac, em dezoito volumes. A tarefa de tradução foi dividida entre vários intelectuais e coordenada por Paulo Rónai, sendo que cada volume trazia um prefácio escrito por um dos importantes críticos contemporâneos de Balzac. Como se vê, a anglofilia da Globo tinha seus limites na qualidade e na ambição dos projetos editoriais.

Mas, além dos americanos e de Balzac (e alguns franceses, mas relativamente poucos), a Globo traduziu Thomas Mann, Kafka, Platão, Shakespeare e muitos outros. O problema da qualidade da tradução foi enfrentado corajosamente, com a editora mantendo como empregados permanentes alguns tradutores importantes, que também faziam a revisão do trabalho dos demais. Era uma estrutura cara, que teve de ser abandonada depois do final da Segunda Guerra Mundial.

A Globo publicou pouquíssimos autores nacionais. De importância, apenas o próprio Veríssimo e Viana Moog. Também editou uma série de manuais técnicos e dicionários, mas na década de 1970 praticamente deixou de imprimir títulos novos. Mais tarde foi vendida (título e acervo editorial) para a *holding* da Rede Globo, que a ela incorporou sua operação de livros chamada Rio Gráfica e Editora. Com essa transformação, a editora voltou a publicar, tanto na área de livros gerais como na produção de coleções, além da edição de revistas, e deixou definitivamente de ser gaúcha, tendo a sede hoje em São Paulo.

A Globo foi a pioneira, mas a tradição gaúcha de ter editoras prosseguiu. O Estado tem um forte sentimento nativista e a publicação de autores locais é muito consumida, espalhando-se também com a onda de imigração gaúcha para o Centro-Oeste e a Amazônia ocidental. Editoras como a L&PM e a Mercado Aberto continuam tendo projeção nacional, publicando não apenas autores gaúchos, como também traduções e autores nacionais.

A edição nas décadas de 1940/1950

A década de 1940 marcou a renovação de São Paulo no panorama intelectual e editorial do país. A fundação da Universidade de São Paulo, em 1934, e do Departamento de Cultura da Prefeitura Municipal, em 1935, foram o marco da recuperação.

A criação de uma universidade trouxe para a cidade um grupo muito importante de intelectuais franceses, principalmente à Faculdade de Filosofia, Ciências e Letras. Claude Lévi-Strauss, Pierre Monbeig, Fernand Braudel e muitos outros estiveram aqui na "Missão Francesa" que lançou os fundamentos para a nova universidade, assim como o estadunidense Donald Pierson.

Além da Nacional, que continuava crescendo, ancorada no livro didático, outra editora merece destaque nesse período, a Martins. José de Barros Martins abriu sua livraria no primeiro andar de um prédio do centro, em 1937. Tinha um estoque reduzido, mas bem selecionado, importava livros de luxo e saldos de estoque da França. Em 1940, após a eclosão da Segunda Guerra Mundial, Martins percebeu que não poderia continuar no negócio de importados e montou seu departamento editorial.

Começou publicando livros de Direito e uma coleção que pretendia reeditar obras importantes sobre o Brasil, a *Biblioteca histórica brasileira*, à qual se juntou a *Biblioteca de literatura brasileira*, a *Biblioteca do pensamento vivo* e, finalmente, *a Biblioteca de ciências sociais*.

Eram livros publicados em uma linha independente, com matizes de esquerda, e por isso mesmo a editora foi fustigada pela censura e sofreu restrições na compra de papel, prejudicando seu programa editorial. O conflito sério se abriu quando publicou O ABC *de Castro Alves*, de Jorge Amado, que era então um autor proscrito. O livro foi apreendido, mas Martins foi capaz de convencer o censor de que se tratava apenas de crítica literária sobre o poeta baiano, e conseguiu vender o livro, embora proibido de fazer propaganda. O escritor, que estava exilado em Buenos Aires, agradecido, transferiu a Martins o direito de seus livros anteriores, imediatamente relançados com tiragens expressivas.

Os livros de Jorge Amado foram, durante muitos anos, o esteio do sucesso da editora, abrangendo, mais tarde, a venda dos romances em coleção. Seu programa editorial centrava-se em autores nacionais, embora também publicasse traduções, inclusive um *Deca-*

meron integral. Autores importantes, como Graciliano Ramos e Mário de Andrade, faziam parte de seu catálogo.

A crise de 1973-1975, que liquidou a José Olympio, também atingiu a Martins, muito envolvida em coleções, e esta foi, em São Paulo, o que a José Olympio foi no Rio de Janeiro, durante quase o mesmo período. José de Barros promoveu a liquidação da empresa em 1974, transferindo Jorge Amado e Graciliano para a Record.

Os dados estatísticos para todo esse período são muito precários. Hallewell, entretanto, nos dá uma informação que mostra o fosso existente entre o porte das editoras de obras gerais e as didáticas já nos anos de 1950: "Os 1.100 títulos publicados pela Martins em seus primeiros trinta anos somaram cinco milhões de exemplares: um pouco menos do que a Companhia Editora Nacional vendia quase todos os anos, desde o início da década de 50".[10]

A contrapartida carioca à Martins foi se configurando na Editora Civilização Brasileira, dirigida por Ênio Silveira e que se iniciou como subsidiária da Nacional, que a utilizava para editar parte dos livros não-didáticos, além de administrar uma excelente livraria no centro do Rio de Janeiro.

Ênio Silveira começou a trabalhar na Nacional mais ou menos no período da cisão que criou a Editora do Brasil e logo se destacou pela cultura, percepção editorial e visão de mercado. Casou-se com a filha de Octalles, Cléo, e foi dirigir a filial do Rio de Janeiro da Nacional e a Civilização. Durante dez anos, Ênio foi construindo um catálogo que dava muita ênfase às publicações de sociologia, economia e política, tomando por base uma posição de esquerda.

---

10. Hallewell, *op. cit.*, p. 429.

Além disso, era membro do Partido Comunista Brasileiro, embora essa filiação não significasse, para ele, tornar a Civilização um "aparelho" do PCB. Consta até que, em um diálogo que teria mantido com Prestes, secretário-geral do partido, Ênio o teria cortado quando este se referia à Civilização como "nossa" (do PCB) editora, deixando clara sua independência na condução da linha editorial.

O esquerdismo de Ênio, entretanto, entrava em confronto com o conservadorismo de Octalles. No começo da década de 1960, este comprou de seus irmãos as cotas que tinham da Civilização e transferiu o controle para o genro "antes que houvesse choque na família".[11]

A Civilização Brasileira persistiu na sua linha editorial depois do Golpe de 1964 e pagou caro por isso. A livraria foi destruída em um incêndio misterioso, Ênio foi preso várias vezes e teve títulos apreendidos. A Civilização Brasileira, entretanto, tinha se tornado uma editora de grife, a primeira a se caracterizar como tal depois da J. O.

Isso não impediu a progressiva deterioração da situação financeira. Mais tarde Ênio se viu obrigado a ceder o controle para um grupo de investidores que tinha participação de capitais portugueses, embora tenha se mantido à frente da editoração até sua morte. Já na década de 1990, a Civilização foi vendida, assim como seu selo Bertrand Brasil, para a Record, iniciando o processo de consolidação de selos dessa editora.

Na década de 1960 foram-se firmando outros nomes na editoração de livros de interesse geral. A Record, fundada por Alfredo Machado, tinha iniciado sua vida como distribuidora e agente de direitos autorais de jornais americanos, com uma íntima associação co-

---

11. *Apud* Hallewell, *op. cit.*, p. 453.

mercial com Roberto Marinho, o dono do jornal O *Globo* e na época já proprietário de uma cadeia de rádios que mais tarde se tornaria a principal rede de televisão brasileira.

A Record teve imenso sucesso com a publicação de traduções de autores *best-sellers* americanos, como Harold Robbins e outros. Publicou também a tradução do mais famoso livro de Gabriel García Márquez, *Cem anos de solidão*, e, quando da crise da J. O. e da Martins, comprou os direitos de publicação de um grande número de autores das duas "Casas", entre os quais Jorge Amado e Graciliano Ramos. O processo de crescimento e consolidação continuou depois da morte de Alfredo Machado, sob o comando de seu filho, Sérgio Machado, e hoje a Record agrupa, além do seu selo, os da Civilização Brasileira, Bertrand Brasil e José Olympio, configurando-se como o maior grupo editorial de obras gerais do país.

Outra editora importante dessa área surgida na década de 1960 foi a Nova Fronteira, fundada por Carlos Lacerda, um dos líderes da direita brasileira e do Golpe de 1964. Intelectual brilhante, transformou sua editora num importante celeiro de autores nacionais e de traduções literárias de qualidade. Mais tarde publicou o dicionário *Aurélio*, um dos monumentos da moderna lexicografia brasileira e uma base sólida de sustentação para a editora, que hoje é dirigida por seu neto, Carlos Augusto Lacerda.

Outro nome que surgiu um pouco mais tarde, já na década de 1970, é o de Paulo Rocco, que havia trabalhado na J. O. e lançou uma editora que seguia uma linha híbrida entre os *best-sellers* da Record e a alta literatura da Nova Fronteira.

Todos esses, e muitos outros mais, são nomes que continuam ativos no mundo editorial brasileiro. Para a compreensão do processo de transformação, entretanto, é necessário examinar as mudanças ocorridas na educação brasileira e a intervenção do Estado no desenvolvimento da indústria editorial do livro didático.

A grande transformação do livro didático

Como já se viu, a produção de livros didáticos foi, desde o início do século, o grande motor para a consolidação de grandes empresas editoriais. Estas se beneficiavam diretamente dos investimentos do país na educação, com o aumento da rede física de escolas e do número de estudantes. Entretanto, a participação direta dos governos (federal, estadual e municipal) na aquisição de livros era relativamente pequena. As editoras vendiam para os pais dos alunos, por meio das livrarias.

Depois de 1964, esse panorama começou a mudar.

Pouco antes do golpe de Estado, um dos perigos acenados pelos inimigos de João Goulart era o da estatização do livro escolar. Com a derrubada deste, essa ameaça ficou afastada, e o novo regime iniciou de imediato um trabalho de co-edições, por meio do Conselho Federal de Cultura, com livros de autores que haviam se colocado ao lado dos vencedores.

Os Estados Unidos, por sua vez, iniciaram também um projeto de fomento de edições, por meio do United States Information Service (Usis) e dentro da Aliança para o Progresso. Em contrapartida, o novo governo manifestou a intenção de proporcionar livros escolares gratuitos para os alunos "carentes", da escola pública.

A primeira iniciativa nesse sentido foi a criação do Programa Nacional do Livro Didático (PNLD), inicialmente executado por um órgão denominado Comissão Nacional do Livro Técnico e Didático (Colted), que recebeu fundos do MEC e da Usaid, em 1966. A Colted absorveu a Fundação Nacional de Material de Ensino (Fename), que produzia cadernos e outros materiais escolares e estava iniciando um programa de edições de dicionários, atlas e alguns outros títulos com preços altamente subsidiados.

A idéia por trás da Colted era proporcionar livros para os estudantes pobres, deixando o mercado livre para os alunos de pais que tivessem condições de adquiri-los. Montado com a participação do Snel, por meio do seu diretor e sócio da Livros Técnicos e Científicos, Propício Machado, o programa imediatamente proporcionou uma injeção substancial de recursos.

As ações da Colted envolviam uma consulta aos professores dos livros disponíveis, seguida de uma seleção por especialistas e da aquisição das quantidades definidas de exemplares diretamente das editoras para distribuição nas escolas. Quase seis milhões de exemplares foram adquiridos no primeiro ano de efetiva implantação do programa, em 1969.

Em 1971, entretanto, a Colted foi extinta e absorvida pelo Instituto Nacional do Livro e o programa sofreu grande redução. Em meados da década de 1970, este voltou a ter força, mas com uma substancial modificação: eliminou-se a consulta aos professores e a aquisição de livros passou a ser decidida por comissões que escolhiam projetos editoriais supostamente por suas qualidades didático-pedagógicas. Isso, na verdade, abriu caminho para que algumas editoras se especializassem na aprovação desses projetos, que vendiam centenas de milhares de exemplares para o governo, com a rejeição de educadores e dos editores que se viram sem o acesso a esse importante mercado.

Em 1985, o programa sofreu grande transformação. Nessa altura, estava sendo operado pela Fundação de Assistência ao Estudante (FAE), que distribuía livros, merenda, material escolar. Por iniciativa do então ministro da Educação, Marco Maciel, o MEC aceitou que as compras fossem feitas por meio da edição de um catálogo com a listagem dos títulos disponíveis que seriam escolhidos pelos professores, em três opções. O resultado, tabulado, era a base de negociações entre as editoras e a FAE, numa duríssima discussão sobre o preço dos exemplares.

A FAE estabeleceu logo um patamar que remunerava as aquisições pelo seu custo gráfico, direitos autorais e uma margem de benefício para as editoras, desconhecendo totalmente os custos editoriais e de divulgação. Os livros, para serem escolhidos pelos professores das escolas públicas, tinham que ser divulgados pela força de trabalho das editoras, inclusive com a doação de exemplares gratuitos e a um custo alto.

O resultado desse processo, que continua, em suas linhas gerais, até hoje, foi o encarecimento dos livros destinados ao mercado. Como as empresas têm necessariamente de buscar uma rentabilidade média, vêem-se obrigadas a computar o conjunto de seus custos no preço do livro vendido nas escolas particulares, uma forma de transferência de renda que não é explicitada pelas autoridades governamentais.[12]

As irregularidades no fluxo de execução do programa – que hoje absorve aproximadamente 35% dos livros didáticos produzidos no país (que são mais da metade do total de livros) –, freqüentes até 1996, provocaram grande instabilidade no desempenho das editoras, entre 1985 e 1996, inclusive porque os volumes e valores envolvidos são muito altos.

---

12. Ver, mais adiante, o capítulo "Os programas federais de aquisição de livros", pp. 139-72.

A compra centralizada pelo governo federal também excluiu de forma completa as livrarias dessa enorme fatia do mercado, com a conseqüente redução de seu número e de sua rentabilidade, prejudicando, assim, as editoras de obras gerais, que tiveram seus canais de distribuição afunilados.

De qualquer forma, esse enorme e contínuo investimento do governo nas publicações escolares foi fundamental para o desenvolvimento do livro no Brasil. E, apesar do aumento da rede de escolas públicas e particulares, isso ainda foi insuficiente para a erradicação completa do analfabetismo e da qualidade precária de grande parte das escolas e do ensino que estas proporcionam. Este último, entretanto, é um fenômeno de massas no Brasil e isso se reflete no mercado editorial.

Ao contrário, as bibliotecas públicas viram-se relegadas ao mais completo abandono. Elas não existem na maioria dos municípios brasileiros e as existentes sofrem de crônica falta de recursos para aquisição de acervos. As editoras de obras gerais, por isso mesmo, vêem-se privadas de um canal que é importantíssimo nos países mais desenvolvidos, que absorve até 30% do conjunto da produção editorial.

Esses dois fatores contribuíram de forma notável para o aumento da disparidade no porte e na capacidade entre as editoras didáticas e as de obra geral. Estas, embora muitas vezes tenham grande prestígio por publicarem os autores mais conhecidos, são todas de menor porte se comparadas com as didáticas.

O crescimento da rede de ensino e do número de estudantes provocou o surgimento de novos e importantes atores no cenário editorial, principalmente nessa área. Além disso, os últimos trinta anos viram o surgimento e o crescimento de editoras como a Ática, que se tornou a maior empresa do setor, e a Moderna, especializada em livros para o ensino médio.

Empresas como a Saraiva e a FTD (esta de propriedade dos irmãos maristas, ordem católica) tiveram um crescimento exponencial. Outras, como a Nacional/Ibep e a Editora do Brasil, se mantiveram em boa posição, embora não tenham mais o caráter dominante de antes.

Na área de obras gerais duas editoras recentes têm adquirido projeção e importância. A Companhia das Letras, que conta com capitais de uma família de banqueiros, os Moreira Salles, e a Objetiva, dirigida por um ex-jornalista, Roberto Feith, a qual tem crescido de maneira significativa, e com um notável trabalho de *marketing* de sua produção, embora longe do porte das didáticas. A rede de livrarias Siciliano passou também a investir de maneira mais incisiva na edição, com linhas de livros infantis, literatura e técnicos.

O fenômeno mais recente no mundo editorial brasileiro está representado pela volta das empresas internacionais. A McGraw-Hill, a Prentice Hall e outras estiveram presentes nas décadas de 1960 e começo de 1970, mas recuaram em seguida. O retorno está se dando principalmente por meio das editoras que têm forte presença na publicação de materiais para o ensino de idiomas, e os ingleses têm estado muito ativos. Editoras como a Oxford, a Cambridge e a Longman se instalaram de forma mais decisiva no país e já começaram a produzir aqui alguns de seus títulos, particularmente na área do ensino do inglês. Por sua vez, a presença francesa, que foi irrelevante durante décadas, voltou a se fazer sentir. O grupo Printemps, que controla a rede de livrarias Fnac, comprou a megalivraria que havia sido montada pela Ática, iniciando sua penetração no Brasil em 1998. Em 1999 o grupo Havas – que mais tarde se transformou em Vivendi –, por meio de sua subsidiária Anaya, espanhola, adquiriu, em associação com a Editora Abril, as editoras Ática e Scipione, ambas então pertencentes aos mesmos donos, filhos do fundador da Ática.

O final dos anos de 1990 e o começo do século XXI

Os dois últimos anos do século XX e os três primeiros do novo século consolidaram algumas tendências e apontaram problemas, os quais descrevo a seguir de forma bem sintética.

O processo de concentração empresarial e a participação de editoras estrangeiras aumentaram.

O grupo Record vem consolidando sua posição como o maior grupo editorial de obras gerais. Como já assinalado, comprou a Civilização Brasileira e a Bertrand Brasil, que tinha também o selo Difel, reativado, e, posteriormente, a José Olympio. Além disso, passou a desenvolver novos selos, com atenção para segmentos específicos do mercado editorial – Nova Era na linha de esotéricos e Rosa dos Tempos, para o público feminista.

A Ediouro, no Rio de Janeiro, que havia feito uma incursão frustrada na área de didáticos no final dos anos de 1990, comprou a Agir, antiga editora católica, além de promover uma ampla reformulação de suas linhas editoriais.

Na área de livros didáticos, o grupo espanhol Santillana comprou a Moderna e seu selo de obras gerais, a Salamandra – que tinha presença pequena. A injeção de capital e a reformulação administrativa aparentemente deram bons resultados, principalmente no que diz respeito às compras governamentais, como se verá mais adiante. O desmanche do grupo Vivendi, por sua vez, colocou de volta as editoras Ática e Scipione no balcão de vendas. A Abril, que já tinha a metade, ficou com o resto, obtendo financiamento com um grupo bancário.

A Saraiva ampliou sua participação no mercado de didáticos com a compra da Atual, que tinha presença significativa no segmento de livros para o ensino médio, e, recentemente, adquiriu a Formato, editora de porte médio de Belo Horizonte, com presença na área infantil e juvenil.

Na área dos livros técnico-científicos, ao lado da continuidade de editoras mais antigas e estáveis, como a Edgard Blücher e a Atlas, a Summus – que publicava em várias áreas universitárias – empreendeu uma diversificação significativa, lançando e adquirindo selos para mercados específicos. Assim, dentro do grupo Summus, além da "nave-mãe", coexistem hoje os selos: GLS, para o público homossexual e afins; Selo Negro, com temas afro-brasileiros; Ágora, com ênfase em comportamento e psicodrama; Mescla, de livros gerais; Plexus, direcionada para a fonoaudiologia e a educação especial, e MG, especializada em saúde física e mental. A estratégia da Summus só tem paralelo com a da Record, que também mantém vários selos depois das aquisições feitas na década de 1990 e começo dos anos de 2000.

A espanhola Planeta, que tinha uma operação pequena de venda de coleções e de produtos para bancas de jornal, lançou em 2002 seu selo principal com grande alarde, isso depois de tentar entrar por meio da compra de uma das editoras de obras gerais, sem resultado. Está em processo acelerado de formação de seu catálogo.

O grupo americano Thomson entrou no Brasil com duas operações: uma na área de livros técnico-científicos, comprando o controle de uma tradicional "Casa" da área, a Editora Pioneira; a outra investida na área da informação empresarial, adquirindo a IOB, empresa de informações jurídicas e contábeis para empresas.[13]

Cabe mencionar a expansão das editoras religiosas, aqui consideradas como aquelas que se dedicam essencialmente à publicação de livros de cunho religioso, de qualquer afiliação. São divididas, *grosso modo*, em editoras católicas, espíritas e evangélicas.

As mais antigas são as de denominação católica. A Editora Vozes, dos franciscanos, já completou seu primeiro século de vida. A FTD, dos maristas, também já está presente há muito no cenário editorial brasileiro. Outras editoras católicas importantes são a Loyola, a Santuário, a Ave Maria e as Paulinas, que algum tempo atrás se dividiu em Paulus e Paulinas.

O crescimento das igrejas de denominação evangélica trouxe o aumento da presença de editoras confessionais, a maioria das quais expressando uma denominação específica. A mais antiga, entretanto, é a Sociedade Bíblica Brasileira, que, a rigor, não é exclusivamente evangélica e publica inúmeras versões da Bíblia. A Casa Publicadora Brasileira é uma das mais tradicionais. Há também capitais estadunidenses, como na Mundo Cristão. As editoras evangélicas desenvolvem intenso trabalho de *marketing* e organizaram uma associação própria, a Associação Brasileira de Editoras Cristãs (Abec).

As editoras de denominação espírita também são muito ativas, estando vinculadas às federações regionais de centros espíritas ou atuando de forma autônoma.

---

13. O fenômeno da globalização do mercado editorial e seus reflexos no Brasil são analisados em outro capítulo, "Diversidade cultural e globalização da indústria editorial", pp. 189-215.

Parte das editoras católicas não se restringe aos títulos confessionais ou proselitistas. A Vozes tem forte presença na ensaística, assim como a Loyola. Outras atuam fortemente na área de didáticos, como a FTD, ou na de literatura para jovens, não necessariamente confessional, como a Paulinas e a Paulus.

Com exceção das editoras espíritas, as de afiliação cristã têm na Bíblia o seu grande *best-seller*. O estudo sobre hábito de leitura e consumo de livros no Brasil mostra claramente que a Bíblia, independentemente de sua versão, é o livro mais lido (ou possuído) no Brasil.[14] Várias dessas editoras publicam também revistas de proselitismo ou de circulação dirigida aos fiéis nos seus locais de culto.

Duas outras movimentações importantes aconteceram nos últimos anos.

A primeira foi a organização das micro e pequenas editoras, principalmente da área de livros gerais e infanto-juvenis, em uma associação que procura desenvolver estratégias de *marketing* comuns. É a Liga Brasileira de Editoras (Libre), que vem organizando feiras específicas no Rio de Janeiro e em São Paulo e também participações coletivas nas grandes bienais.

Alguns observadores assinalam um fenômeno de proliferação desse tipo de editora, constatando o esforço de atuação organizada. Não existem dados sistemáticos sobre o surgimento e desaparecimento dessas empresas no país. A experiência, entretanto, mostra que, se o "índice de natalidade" é alto, também o é o "índice de mortalidade". O processo de concentração de capital, com a consolidação das grandes redes de livrarias – que procuram limitar o número de

---

14. CBL, *Retrato da leitura no Brasil*, 2001.

fornecedores ativos –, já observado em outros países, também se verifica no Brasil.

Embora seja prematuro fazer qualquer previsão sobre esse movimento, vale a pena observar que é a primeira vez que se consegue algum tipo de atuação mercadológica em comum por pequenas editoras. O exemplo americano do BookSense, promovido pela American Booksellers Association, que estancou a diminuição da participação de livrarias independentes naquele país, pode sugerir a possibilidade de sucesso. Da mesma forma, os avanços tecnológicos na produção de livros e o aumento da comercialização pela Internet também são fatores positivos. As condições para esse sucesso, entretanto, são objetivamente muito difíceis. A maioria dessas editoras está insuficientemente capitalizada e as dificuldades estruturais para a distribuição de livros no Brasil, que não foram examinadas aqui, continuam sendo fatores de peso contra o sucesso da iniciativa. De qualquer forma, a equação "alta natalidade e alta mortalidade" de empresas editoriais é um fator de importância na manutenção da diversidade de oferta de títulos, e é muito provável que continue.[15]

Outro fenômeno que vem assumindo importância crescente é o dos "sistemas". Assim são denominados grupos empresariais que desenvolvem projetos integrais de administração, metodologia, treinamento e fornecimento de materiais didáticos para escolas particulares. Esses "sistemas" se iniciaram principalmente dos cursos de preparação para os vestibulares e foram, progressivamente, incorporando os vários segmentos dos ensinos fundamental e médio, nos quais têm hoje forte presença (e os quais incorporam sua tecnologia de cur-

---

15. Ver, mais adiante, o capítulo "Impasses do mercado editorial brasileiro", pp. 109-38.

sos pré-vestibulares). Esses "grupos" promovem uma verdadeira integração vertical do processo educativo, desde o planejamento dos cursos e treinamento de professores até a avaliação de todo o sistema e, certamente, a produção do livro escolar. De fato, invertem o processo que propiciou o enorme crescimento das editoras didáticas nas décadas de 1960 e 1970: agora são as escolas que produzem os livros que usam nas suas atividades pedagógicas.

O impacto não é desprezível e tende a aumentar. No ano de 2002 os "sistemas" produziram o equivalente[16] a 11,98 milhões de exemplares de livros, em comparação a 171,6 milhões de exemplares produzidos pelo subsetor de livros didáticos[17] – ou seja, o equivalente a praticamente 7% da produção das editoras tradicionais. A tendência de crescimento dos "sistemas" é forte: se por um lado a deterioração do nível de vida de setores da classe média tem aumentado a transferência dos filhos desse segmento para a escola pública, por outro os que ainda mantêm os filhos em escolas particulares estão optando cada vez mais pelas escolas dos "sistemas", tanto por oferecerem o que se apresenta como um ensino de melhor qualidade (traduzido, na prática, por maiores índices de aprovação nos exames vestibulares) quanto porque são mais baratas, em média, que as boas escolas tradicionais, já que têm ganho de escala.

No final de 2003 houve uma novidade na área dos "sistemas". O grupo Positivo, um dos maiores do setor, conseguiu tirar da Nova

---

16. A "equivalência" se deve ao fato de os sistemas apresentarem os livros de forma diferente dos livros didáticos tradicionais. Em vez de um livro por matéria, entregam aos alunos um livro por trimestre com o conteúdo de todas as matérias a serem estudadas no período. Dessa forma, foi necessário fazer a "redução ao múltiplo denominador comum".

17. Pesquisa sobre os sistemas encomendada pela CBL, de circulação restrita. O autor teve acesso a ela por pertencer, na ocasião, à Comissão de Pesquisas da instituição.

Fronteira os direitos de publicação do dicionário *Aurélio*, abrindo caminho para atuar no terreno das escolas e das compras governamentais, no qual a versão escolar é o *best-seller* absoluto.

Ao analisar os números do mercado editorial, desglosando-se os dados e aplicando-se o deflator implícito do IBGE, verifica-se que os rendimentos do setor vêm caindo sistematicamente ao se considerar o período de 1998-2002. Da mesma forma, o número de exemplares vendidos, particularmente no mercado, também vem sofrendo forte queda.

Quadro 1. Evolução do faturamento em preços constantes[18]

Editoras de livros	1998	1999	2000	2001	2002
Didáticos	869.291.973	645.053.658	611.829.865	608.596.734	571.660.397
Obras gerais	444.779.017	356.070.799	353.163.890	373.771.025	341.520.985
Religiosos	162.679.466	139.165.752	131.355.461	140.570.407	134.985.616
CTP*	436.452.191	347.988.608	351.060.672	351.832.291	278.822.748
Total	1.913.202.647	1.488.278.818	1.447.409.888	1.474.770.456	1.326.989.747
Governo	378.470.150	231.519.043	351.426.116	367.270.659	281.773.254
Total com governo	2.291.672.797	1.719.797.861	1.798.836.004	1.842.041.115	1.608.763.001

* Livros científicos, técnicos e profissionais.

---

18. O ano de 1998 é a base (100) e os demais anos foram atualizados com base no deflator implícito do IBGE, para cada ano. Os dados das duas tabelas foram extraídos do *Diagnóstico do setor editorial* nos respectivos anos, publicados pela CBL/Snel.

O que se verifica aqui, descontada a inflação do período, é uma queda de 29,8% no faturamento total do setor. Se considerarmos tão-somente as vendas para o mercado (sem contar as vendas para o governo), a queda foi de 30,6% no período. Finalmente, se considerarmos o faturamento do setor para o mercado sem contar os livros didáticos, a perda foi de 27,6%.

O período em exame é particularmente crítico, pois inclui precisamente o ano da grande crise do Plano Real, com a sua forte desvalorização no começo de 1999. Poder-se-ia, portanto, considerar que se tratou simplesmente de um forte movimento de ajuste, mas a análise dos exemplares vendidos mostra que há perda de mercado no geral e que a diminuição do faturamento se deve, em grande medida, a isso.

Quadro 2. Exemplares vendidos*

	1998	1999	2000	2001	2002
Didáticos mercado	144.490	98.200	69.564	58.5005	3.000
Total mercado s/ didáticos	151.844	127.319	131.148	124.400	105.400
Total mercado	296.334	225.519	200.712	182.900	158.400
% sobre total geral	72,21	77,85	60,05	61,08	49,40
Governo	114.000	64.160	133.522	116.500	162.200
% sobre total geral	27,79	22,15	39,95	38,92	50,60
Total geral	410.334	289.679	334.234	299.400	320.600

* Em milhares

A compreensão desses dois quadros exige algumas explicações adicionais. Em 2001 o MEC fez uma grande aquisição de dicionários para os alunos e para as escolas públicas que, junto com a compra dos livros didáticos, levou a um preço por unidade maior que em 2002, quando foram adquiridas duas séries de coleções para o Programa Nacional de Biblioteca na Escola (PNBE). Os livros dessas coleções, por causa do tamanho, têm preço unitário muito baixo.

Feitas essas ressalvas, entretanto, é notável o aumento proporcional das compras do governo – principalmente do MEC – como um componente da receita do mercado editorial. Essas compras chegaram a 50,6% do total de vendas em 2002, em processo de crescimento contínuo. Com a execução do PNBE (dicionários e coleções), essas compras se ampliam para editoras de obras gerais,[19] que antes tinham uma participação apenas marginal nas aquisições do governo, já que as aquisições de acervos para bibliotecas públicas são ínfimas.

Os dados desses dois quadros e a observação sobre os "sistemas" configuram uma situação complicada para as editoras de livros didáticos em particular. Seu mercado mais rentável, o das escolas particulares, diminui de tamanho e sofre a concorrência dos "sistemas".[20] As compras governamentais, por sua vez, são volumosas, mas com um grau de rentabilidade bem mais baixo.

Como podemos ver na tabela a seguir, apesar de a participação das compras governamentais ter crescido substancialmente em volume de exemplares, seu valor em preços constantes se manteve praticamente o mesmo. Aliás, em 2002, ano do maior volume de

---

19. As limitações e o efeito concentrador do PNBE são analisados no capítulo "Os programas federais de aquisição de livros", pp. 139-72.
20. O Censo Escolar de 2003 revela um aumento de 451 mil alunos matriculados nas escolas públicas em relação ao ano de 2002.

compras governamentais, a participação dessas compras no faturamento foi menor que a do ano anterior, devido à compra de dicionários feita em 2001.

Participação mercado	83,5%	86,5%	80,5%	80,1%	82,5%
Participação governo	0,165150169	0,134619915	0,195363065	0,199382444	0,175149014

Essa combinação explosiva é potencializada pela estrutura de custos das editoras de livros didáticos. As vendas nas escolas particulares, a um preço maior, financiam não apenas os custos de desenvolvimento editorial dos livros (que não são considerados nas planilhas de cálculo do governo), como também o dispendioso trabalho de divulgação aos professores das redes pública e particular. Não podemos esquecer que desde a década de 1980 a escolha dos livros para a rede pública é feita – em alguma medida – pelos professores.[21] Portanto, as editoras necessariamente têm que fazer o trabalho de divulgação, que implica a doação de grande número de exemplares e um extenso trabalho de visita às escolas por profissionais especializados das editoras e distribuidoras, os chamados divulgadores.

Na medida em que esses custos são absorvidos pelas vendas à rede de escolas particulares, a diminuição desse segmento de mercado provoca instabilidade nas duas pontas: os livros para as escolas particulares tendem a ficar mais caros para cobrir todas essas

---

21. Os problemas relacionados com os processos de avaliação e adoção dos livros pelos professores da rede pública são analisados também no capítulo "Os programas federais de aquisição de livros", pp. 139-72.

despesas, e isso aumenta as reclamações de pais e abre espaço para os "sistemas", que incluem os livros escolares nos seus pacotes; e o aumento das compras governamentais com preços prevendo margens muito baixas diminui ainda mais a rentabilidade das editoras. Assim, paradoxalmente, quanto mais vendem para o governo, mais frágeis economicamente elas ficam, criando uma situação potencialmente perigosa.

No segmento de obras gerais já se observou aqui a proliferação de pequenas editoras, a qual, entretanto, segue *pari passu* a concentração do mercado e o aumento da importância dos mega-*best-sellers*. Estes certamente vendem muito, mas exigem que seus editores sejam empresas de grande porte, com capacidade financeira para disputar leilões internacionais de direitos e financiar grandes tiragens, com campanhas promocionais condizentes.

Perspectivas

Podemos concluir este apanhado da indústria editorial brasileira no início do século XXI com uma confirmação das palavras de Hallewell sobre seu tamanho e sua complexidade. Isso não diminui, entretanto, seus pontos frágeis: os problemas de distribuição em um país de dimensões continentais não foram resolvidos; a sociedade brasileira nunca teve um movimento que incorporasse as bibliotecas como elemento fundamental de sua organização, como houve em outros países; algumas das dificuldades e contradições de indústrias editoriais maiores já se instalam no Brasil sem que problemas fundamentais tenham sido resolvidos.

Na perspectiva positiva, pode-se assinalar que a estrutura demográfica e os condicionamentos do desenvolvimento tecnológico exigem que os investimentos na educação continuem não apenas elevados, como em crescimento, nas próximas décadas; o desenvolvimento da democracia no país coloca as questões relacionadas com a inserção das grandes massas na ordem do dia, no que diz respeito não apenas ao acesso às condições mínimas de sobrevivência material, mas também aos múltiplos e variados aspectos da atividade cidadã.

A trajetória da edição no Brasil durante o século XX é efetivamente formidável. Os números globais são impressionantes, como mencionado no início. Entretanto, mascaram outra faceta da realidade. A produção de 320 milhões de exemplares para uma população que se aproxima dos 170 milhões dá o índice irrisório de pouco menos de dois exemplares *per capita* por ano. Um número absolutamente insuficiente para as necessidades do país, o qual enfrenta os desafios da globalização, da necessidade de reciclar imensos contingentes de trabalhadores para um mercado de trabalho que exige cada vez mais.

A forte presença do governo na aquisição de livros didáticos é, ao mesmo tempo, um fator de fomento e um gerador de instabilidade, e a ausência de uma política para bibliotecas públicas é simplesmente um desastre.

Assim, no final do século e do milênio, a edição brasileira estava, paradoxalmente, numa situação muito mais privilegiada do que estava em 1900, mas também com problemas muito mais sérios e potencialmente muito mais perigosos do que os que enfrentava então.

Resta-nos a esperança – ou a certeza, derivada do persistente otimismo dos brasileiros – de conseguir encontrar saídas para os atuais desafios, como encontramos para os do passado.

Impasses do mercado editorial brasileiro

Como já se viu no capítulo anterior, as perspectivas estratégicas para o mercado editorial brasileiro são favoráveis. A possibilidade de, em curto prazo, diminuírem os investimentos na educação não existe e as projeções demográficas indicam o crescimento da população jovem até mais além do ano 2020.

Entretanto, observou-se também que o crescimento da indústria editorial brasileira enfrenta dificuldades sérias. Houve perda de mercado, em quantidade de exemplares vendidos e em faturamento real, nos últimos anos.

Tendo isso em mente, examinam-se aqui algumas das causas e possíveis soluções para que a perspectiva estratégica de crescimento se torne realidade de maneira consistente.

Alguns dos problemas e soluções dependem de esforços de adaptação internos ao setor editorial. São questões relacionadas com a distribuição e vendas ao público, o desenvolvimento de produtos editoriais e a administração das empresas do setor. Outros dependem, pelo menos em parte, de políticas governamentais a serem instituídas ou aperfeiçoadas.

De qualquer forma, existe forte interligação entre os vários problemas e as possíveis soluções.

Administração e capitalização

A grande maioria das empresas editoriais e livreiras brasileiras é de pequeno e médio porte e de origem e administração familiar. As grandes empresas se concentram no setor de livros escolares, no qual já é forte também a presença estrangeira.

Se for considerado o volume de produção – exemplares vendidos e faturamento –, verifica-se que as grandes empresas, e em particular as do setor de didáticos, respondem por bem mais da metade tanto dos exemplares produzidos quanto do faturamento.

Uma idéia da concentração do setor é dada pelo quadro abaixo, que mostra a divisão por faturamento das editoras que compõem o universo da pesquisa sobre produção editorial da CBL.

Número de editoras que compõem o universo segundo o subsetor editorial e intervalos anuais de faturamento[1]

Universo de editoras					
Editoras de livros	A	B	C	D	Total
Didáticos	14	6		7	27
Obras gerais	148	16	11		175
Religiosos	120	15	6	–	141
CTP	138	21	8	–	167
Total					510

O intervalo "A", com 82,3% do total das editoras, é composto por aquelas que faturam até R$ 1 milhão por ano; o "B", pelas que faturam entre R$ 1 milhão e R$ 10 milhões por ano; o "C", pelas que fatu-

---
1. CBL/Snel. *Diagnóstico do mercado editorial brasileiro*, op. cit.

ram entre R$ 10 milhões e R$ 50 milhões; e o "D", que abrange fundamentalmente editoras de livros didáticos, por aquelas que faturam mais de R$ 50 milhões por ano. Não existe pesquisa semelhante sobre as livrarias.

A dinâmica concentração *versus* proliferação de empresas é uma das características mais marcantes do setor editorial, e é o que está na raiz da "natalidade" e "mortalidade". É muito importante que essa proliferação exista, pois é nela que reside a diversidade de títulos que atende a camadas cada vez mais diferenciadas de leitores.[2] Por isso mesmo, é importante estar atento às condições de financiamento, capitalização e capacidade operacional dessa massa de editoras.

As editoras maiores certamente têm capacidade administrativa e, principalmente no caso das estrangeiras, dispõem de capital operacional e de investimento suficiente.

Já as pequenas, além de sofrerem dos males que afetam todas as pequenas empresas, têm a dificuldade adicional de trabalhar em um meio no qual a gestão do negócio tem peculiaridades bem específicas. Um exemplo simples: enquanto uma indústria qualquer se dedica à produção em grande quantidade de um número relativamente pequeno de itens, a indústria editorial produz quantidades relativamente pequenas de uma quantidade bem maior de itens. Uma editora de pequeno porte que produza, digamos, trinta livros por ano lida com uma quantidade de produtos muito maior que uma fábrica de sabonetes que produz milhões de unidades de um único produto. Por isso mesmo, a frase de efeito que diz que é possível "vender livros como se

---

2. Este assunto é tratado de forma muito criativa por Gabriel Zaid em *Livros demais!*. São Paulo, Summus, 2004.

fossem sabonetes" é, rigorosamente, falsa. Não se vendem livros como sabonetes. Não existe outro setor industrial que lance mais de 15 mil produtos novos por ano – só a indústria editorial.[3]

Obviamente isso afeta tanto as pequenas como as grandes editoras. E pode-se afirmar que a questão da gestão empresarial do negócio editorial é muito mal resolvida. São poucos os instrumentos de formação de administradores que ao menos reconhecem esse tipo de problema.

As debilidades na área de gestão empresarial no setor editorial, reconhecidas por todos, são muito grandes, e as iniciativas para ajudá-las a resolver isso são geralmente assistemáticas[4]. Existe, assim, grande deficiência no que diz respeito a métodos e técnicas de gestão que só pode ser enfrentada paulatinamente.

Outro grande problema é o do financiamento.

Nessa área, mais uma vez, as empresas que conseguiram sobreviver e cresceram, de alguma forma, foram capazes de se capitalizar. Não existe nenhum estudo sistemático sobre essa situação, embora seja consensual que as grandes empresas – particularmente as de livros escolares

---

[3]. É importante ressaltar que a grande maioria dos títulos editados não tem reedições, por duas possíveis razões: a) a tiragem inicial supre toda a possível demanda para aquele título; b) os exemplares não chegam aos "encontros felizes", como diz Zaid, com seus leitores. Como qualquer produto, os livros têm um "ciclo de vida" variável e geralmente curto. Apenas uma minoria de títulos sobrevive por longos períodos e às vezes até renasce. No entanto, como o mundo do livro reflete o mundo real, e este está em constante transformação, a multiplicidade de títulos é permanentemente assegurada.

[4]. A CBL há anos tem um departamento chamado Escola do Livro. Este, assim como a Universidade do Livro da Editora da Unesp, entretanto, só proporciona cursos pequenos e tópicos – e, o que é pior, com pouca ênfase nos aspectos administrativos da empresa editorial. Em 2003 começaram a se estruturar algumas iniciativas mais abrangentes na FGV do Rio de Janeiro, posteriormente assumidas pela ESPM de Niterói. A FGV de São Paulo está estudando a estruturação de um curso mais amplo. Adicione-se a isso também a dispersão geográfica das empresas editoriais, o que, junto com seu pequeno porte, dificulta a freqüência a cursos de formação.

– estão relativamente capitalizadas.[5] Isso não acontece nas empresas menores, e a falta de capital de giro se compõe com as dificuldades de gestão e com os problemas de distribuição, que serão vistos mais adiante para configurar o pano de fundo da "mortalidade" das pequenas editoras.

O índice de "natalidade", por sua vez, está paradoxalmente vinculado às necessidades relativamente baixas de capital para que se inicie o negócio editorial. De todos os produtos culturais, o livro é o que tem a produção mais barata. Pode-se produzir um livro de porte médio com um investimento de cerca de US$ 2 mil. Essa cifra é simplesmente ridícula se comparada com o necessário para se produzir uma peça de teatro, um filme, um CD de música ou um programa de televisão.[6]

Por isso mesmo, é grande o número de pessoas que se dispõem a aplicar suas economias pessoais na aventura editorial. A idéia romântica de editar o que se acha importante é quase tão atraente quanto a de escrever o que se acha importante. Na maioria absoluta dos casos, o capital acumulado se esvai nas primeiras publicações, cujo retorno fica aquém do esperado ("Como as livrarias não compram e não exibem bem esses livros maravilhosos que editei!" é frase que caminha *pari passu* com a lamentação dos escritores de "Como os leitores não devoram essa obra fundamental que eu escrevi?").

Entretanto, as economias são poucas, e existe a necessidade de continuar editando para faturar algo, até o momento em que essa roda trava e a pequena editora fecha. Ou, nos casos melhores, acerta-se em

---

[5]. Lembre-se que já foi assinalado o problema de fluxo de caixa das editoras de livros didáticos diante do alto custo de desenvolvimento de produtos e das variações na execução de cronogramas de programas governamentais, que podem provocar sérios desequilíbrios.

[6]. Ao se falar em "produzir", aqui, não se está querendo falar do seu custo unitário, e sim do conjunto de custos envolvidos na produção do bem cultural, desde a concepção até sua colocação no mercado.

um título que vende bastante, ou no segmento certo do mercado, e a empresa editorial consegue chegar a uma velocidade de cruzeiro. Capacidade pessoal de desenvolvimento de uma linha editorial também conta, assim como o *marketing* pessoal, que pode atrair investidores que jogam também com o charme das editoras.

Em certa medida, mas de forma diferente, o mesmo problema ocorre com as livrarias.

Há uma diferença fundamental entre uma megalivraria e as pequenas lojas de bairro. As primeiras conseguem imprimir velocidade de giro e aumento do *ticket* médio com a venda de uma variedade muito grande de livros e outros produtos. O modelo Fnac é exemplar, pois inclui televisores, aparelhos de telefonia, áudio e vídeo, com preço muito mais alto se comparado aos livros, o que aumenta consideravelmente o *ticket* das lojas.

As pequenas livrarias, entretanto, têm que manter um estoque relativamente grande de livros (para atender à demanda diversificada de seus clientes) que têm um giro extremamente lento, com exceção dos *best-sellers*. Estes últimos, por sua vez, são geralmente vendidos com descontos nas megalivrarias ou mesmo em lojas de departamentos e supermercados, com a conseqüente diminuição do retorno do pequeno livreiro.

É uma situação dramática. Enquanto um supermercado, por exemplo, gira com enorme rapidez seu estoque, uma livraria muito bem administrada na composição do seu estoque leva mais de um ano para girá-lo.[7] Por essas razões, os pequenos livreiros dependem quase

---

7. Como a maioria das empresas editoriais é de administração familiar ou de capital fechado, são escassos os dados sobre seu desempenho econômico e financeiro. O estudo do BNDES sobre a cadeia de

exclusivamente do capital próprio e do financiamento direto das editoras, por meio de descontos e prazos para pagamento.

Da mesma forma que os editores, os livreiros se formam na prática. Em muitos casos, é quase a reprodução da tradição medieval da guilda, com a entrada na livraria como auxiliar, passando depois a balconista, a encarregado de seções até chegar a comprador, sem dúvida a posição de maior responsabilidade na livraria.

Pequenos editores e livreiros, em geral, compartilham essas características: empresas familiares, capacitação na prática e assistemática, capital insuficiente.

Até hoje aparece como reivindicação de entidades de classe o estabelecimento de linhas de crédito específicas para o financiamento de editoras e livrarias.

Independentemente do alto custo do crédito em geral no Brasil, acredito que o uso de crédito bancário para o giro e investimento é muito complicado e perigoso para o setor editorial e livreiro. A maturação de projetos editoriais e o ritmo de giro de livrarias são demasiadamente lentos para que empreendimentos editoriais ou livreiros de pequeno porte possam gerar o retorno necessário, ao contrário do que pode ser verdadeiro para grandes projetos. O projeto de uma coleção de livros didáticos bem planejado tem etapas bem definidas e pode ser quantificado com base no retorno previsto. Isso não acontece com uma coleção de literatura vendida no varejo. O financiamento

---

comercialização de livros cita dados da Livraria e Papelaria Saraiva, que é editora e tem rede de livrarias, para os anos de 1996, 1997 e 1998. Dois itens de indicadores citados exemplificam: prazo médio de renovação de estoque: 86, 133 e 123 dias, respectivamente; ciclo de caixa: 61, 101 e 88 dias. E são ciclos curtos para o setor, pois a Saraiva é também megavarejista, com giro de caixa mais rápido.

de uma megalivraria, com investimentos no "ponto", equipamentos e misto de produtos, pode ser planejado para um retorno predeterminado. O giro de uma livraria de bairro, por sua vez, dificilmente permitiria a sobrevivência do proprietário e o retorno necessário para o pagamento de empréstimos.

Assisti, em várias ocasiões, a editores reclamando da exigência bancária de fornecerem garantias reais para a efetivação de contratos de financiamento. A alternativa que propunham era que a garantia fossem os livros publicados. Dificilmente entendiam que o banco não poderia aceitar como garantia aquilo que era necessário vender para pagar o empréstimo e que, dessa forma, transmutava-se em garantia "fungível", coisa absolutamente incompreensível para o sistema bancário.

Existe, entretanto, a possibilidade de usar linhas especiais, atreladas a fundos de investimento, para um processo de capitalização e modernização administrativa do setor.

Em 2001, como tentativa de desenvolver uma ação com os Ministérios da Cultura e da Educação e o BNDES, procurei esboçar alguns pontos de discussão para um modelo possível de capitalização para o setor.

O banco de fomento federal durante muito tempo criou anticorpos em relação ao mercado editorial em razão das operações que aconteceram na década de 1960.

No final dos anos de 1990, entretanto, o BNDES já tinha acumulado experiência em financiamento de projetos vinculados a livrarias ou a empresas do setor que tinham editora e livraria, como é o caso da Saraiva – que havia feito financiamentos não apenas com o banco, como também com o braço de financiamento a projetos privados do FMI. O banco também oferecia financiamentos de máquinas e equipamentos

(Finame) tomados por empresas, assim como para a construção de imóveis para sede de companhias. Todos financiamentos nos moldes tradicionais, com empresas de porte que tinham condições de oferecer as garantias reais exigidas pelos procedimentos normais do banco.

Em 1999, o BNDES tomou duas iniciativas. A primeira foi o estabelecimento de uma linha de crédito denominada "Programa Fernando de Azevedo de Apoio à Indústria do Livro", com recursos de R$ 100 milhões. Ela se destinava ao financiamento de projetos editoriais e tinha as exigências habituais do banco. Não teve nenhum tomador, o que comprova a inadequação dos empréstimos bancários tradicionais – mesmo que em longo prazo e com a correspondente Taxa de Juros de Longo Prazo (TJLP) para o desenvolvimento de projetos editoriais.

A segunda iniciativa foi a elaboração do relato setorial *Cadeia de comercialização de livros*,[8] um levantamento feito com base nos dados disponibilizados pela CBL e pelo Sindicato Nacional de Editores de Livros (Snel) e em entrevistas com dirigentes empresariais. O trabalho não é conclusivo, e finaliza dizendo que "seu objetivo principal é contribuir, como ponto de partida, para que os agentes envolvidos possam, através de um processo dialético, encontrar formas de desenvolver essa cadeia industrial, incorporando, como consumidores e usuários, novos segmentos da população brasileira".[9]

De qualquer forma, representa uma abertura para o aprofundamento da discussão dos problemas, e foi com esse objetivo que foram desenvolvidas as seguintes observações:

---

8. *Cadeia de comercialização de livros: situação atual e propostas para o desenvolvimento*, Relato Setorial 03.1999 da Área de Operações Industriais 2, elaborado por William George Lopes Saab, Luiz Carlos Perez Gimenez e Rodrigo Martins Ribeiro, Rio de Janeiro, BNDES, 1999 (mimeo).
9. *Idem*, p. 70.

1. O Banco Central (BC) dispõe de vários mecanismos de controle do volume de investimentos a serem dirigidos para diferentes setores produtivos. Em alguns momentos esses mecanismos foram utilizados de forma abusiva, com a emissão das chamadas "moedas podres": títulos supostamente destinados a investimentos específicos e que se revelaram não-líquidos com o tempo e foram usados pelo valor de face nos processos de privatização. Mas não se trata disso. Não se trata de criar nenhum tipo de título da dívida pública.
2. O mecanismo que se tem em mente é o dos limites e características das aplicações financeiras determinados pelo BC para compor a carteira dos diferentes fundos de investimento. É utilizado pela autoridade monetária para garantir a liquidez e a segurança dos diferentes tipos de investimento, seja nas carteiras de fundos de investimento reguladas, seja nas carteiras de seguradoras e de fundos de pensão.
3. A filosofia por trás desses mecanismos é a de garantir que não haja sobrecarga de investimentos em áreas de grandes riscos, de forma a permitir que o resgate dos fundos seja possível com a combinação de investimentos de maior rentabilidade e risco com os de menor rentabilidade e maior segurança.
4. Em linhas gerais, normas do BC obrigam essas carteiras de investimento a aplicar um mínimo de "x" em títulos da dívida pública – teoricamente os investimentos de menor risco – e outras faixas de mínimo e máximo em diferentes tipos de papéis e ativos: imóveis, carteira de ações, debêntures, letras de câmbio e similares, e moedas estrangeiras. Cada um desses tipos de ativos tem índices de liquidez monitorados pelo BC.

5. Caso se conseguisse que um índice "x" de investimentos fosse obrigatoriamente aplicado em um Fundo de Participação em Investimentos Culturais, administrado pelo BNDES, haveria a possibilidade de acúmulo de recursos *de risco* para aplicação em áreas predeterminadas da atividade cultural, particularmente no setor editorial.
6. Na verdade, o ideal é que o benefício fiscal fosse estendido a esse tipo de investimento. Com isso, a aplicação nele nem precisaria ser obrigatória. Uma parte do risco estaria coberta pelo incentivo fiscal.
7. Na regulamentação desse fundo estariam dispostas as proporções em que os recursos poderiam ser aplicados em PROJETOS e em FUNDOS DE CAPITAL. Uma parte poderia ser aplicada em investimentos de capital para as empresas do setor, que os captariam do BNDES por meio de projetos de médio e longo prazos, tecnicamente fundamentados, mas de risco, ou seja, sua remuneração dependeria do sucesso dos projetos.
8. Para que isso fosse viável, certamente o BNDES (ou seu braço BNDESPAR) exigiria determinados níveis de controle gerenciais, induzindo, em alguns casos pelo menos, a abertura do capital das empresas, a participação de representantes dos investidores na administração dessas empresas e uma transparência administrativa em níveis bem maiores do que a atualmente praticada no tipo de administração familiar e amadora que ainda prevalece no setor. Ou seja, a contrapartida na captação de capitais de risco exigiria uma modernização administrativa e gerencial do setor, contribuindo para sua melhor *performance*.

9. Não se pode descartar o investimento de risco em PROJETOS. Ou seja, o investimento, nesse caso, não se faria no capital da empresa, e sim em projetos editoriais ou de comercialização de livros bem definidos e encerrados em si mesmos. Acredito, entretanto, que isso só deveria ser permitido em casos excepcionais. A produção de uma enciclopédia ou de uma coleção de livros especiais poderia ser financiada dessa maneira, a risco. Mas, como a idéia geral é a do fortalecimento empresarial e melhoria das aplicações de capital no setor, esse tipo de projeto deveria ter papel secundário.

10. Evidentemente as porcentagens mínima e máxima permitidas para esse tipo de investimento nas carteiras de seguradoras, fundos de pensão e investimento só poderiam ser definidas por meio de estudos de engenharia financeira muito mais específicos e especializados. Acredito que, embora os percentuais aceitos devessem ser necessariamente muito pequenos, a massa de recursos que seria carregada para o setor seria muito significativa para seu porte e características específicas.

11. Outra fonte de recursos, que já está prevista para o cinema e, em tese, para o Ficart, é a da conversão de títulos da dívida externa ao par.[10] Isso já está previsto em uma medida provisória de conversão da dívida externa, mas não há notícias de que alguma operação desse tipo jamais tenha sido feita. Acho que não foi feita inclusive porque, no caso do cinema, os benefícios da Lei do Audiovisual para o financiamento de produtos (filmes) são mais atrativos.

---

10. Esse tipo de mecanismo só fazia sentido, realmente, quando os títulos da dívida pública brasileira tinham grande deságio no mercado secundário internacional. Hoje, com os títulos sobrevalorizados, ninguém se disporia a fazer essa conversão. Mas, como o mundo dá voltas, os títulos podem eventualmente voltar a ser negociados com deságios significativos.

12. Uma questão subjacente a isso é a do chamado "retorno mercadológico" dos investimentos na área cultural. Evidentemente, o retorno proporcionado por espetáculos de música, grandes eventos, livros para brindes, espetáculos de teatro com atores conhecidos etc. é mais imediato e, por essa razão, parece mais atraente. Por isso mesmo, a captação desses recursos não deveria estar necessariamente vinculada a esse "retorno mercadológico" imediato. A inclusão dos investimentos em um fundo gerido pelo BNDES retiraria essa perspectiva de curto prazo em troca da solidez de investimento, consubstanciada em projetos analisados pelo corpo técnico do banco, até porque isso "despersonalizaria" o investimento.

Infelizmente, as condições políticas para o desenvolvimento dessa discussão com o BNDES se esvaeceram e atualmente voltaram a ser propostos modelos de financiamento, dos quais só se tem notícias de tomadores entre as grandes empresas.

O que importa destacar nesta seção é que as questões de capitalização do setor são dependentes das características de sua estrutura produtiva e estreitamente ligadas às especificidades de gestão do negócio editorial e livreiro.

Distribuição

Uma palavra pode definir a distribuição de livros no Brasil: precariedade, a qual não é de hoje. A famosa carta de Lobato, na qual instava os donos de qualquer tipo de loja a vender também livros (enviados em consignação), revela tanto a iniciativa e a criatividade do grande editor como também a precariedade do meio em que trabalhava.

Não existem estatísticas confiáveis sobre o número de livrarias – ou pontos-de-venda de livros – no Brasil. O Cerlalc está tentando desenvolver um cadastro de livrarias não só no país, onde conta com o apoio da CBL e da Associação Nacional de Livrarias (ANL), como em toda a América Latina. Ainda levará muito tempo para se avaliar se a iniciativa terá sucesso, e nem é essencial para a nossa discussão saber exatamente quantas livrarias existem no país. Aqui se tratará somente de questões estruturais.

É importante recordar que o início do negócio editorial se deu quando livrarias se transformaram, progressivamente, em editoras. Há uma lógica muito evidente nessa evolução. Ao oferecer uma variedade de títulos – no início, em sua maioria importados – para um público de elite, os livreiros podiam, aos poucos, ir suprindo nichos bem definidos de demanda com edições próprias, fosse esta gerada pelo público ou pelas demandas sociais dos escritores. O *Almanack Laemmert* e o *Guia do jardineiro, horticultor e lavrador brasileiro* são bons exemplos do primeiro tipo de demanda. As coletâneas de poesias de jovens abastados que financiavam suas edições – independentemente da qualidade e da importância que viessem a ter na literatura brasileira – são exemplos do segundo tipo.

Tal como na evolução da indústria editorial, o crescimento exponencial do sistema escolar foi o motor do surgimento de inúmeras livrarias. Papelarias que vendiam os livros escolares no início do ano letivo passaram a apresentar outros títulos para seus clientes no restante do ano. A importância disso transparece no legado de Francisco Alves para a Academia Brasileira de Letras, com a condição de que esta promovesse, a cada cinco anos, dois concursos em sua homenagem: um sobre a melhor maneira de ampliar a educação primária no Brasil e outro sobre a língua portuguesa. Francisco Alves sabia muito bem de onde tinha vindo sua fortuna...

A expansão da rede de ensino público não significou, de imediato, que a escolarização alcançasse as camadas mais pobres da população. O público beneficiado inicialmente era o da classe média, profissionais liberais e famílias de funcionários públicos. Os pais das crianças tinham de comprar os livros e o material escolar, e esse ciclo era fundamental para a rentabilidade das livrarias. Os alunos mais pobres eram ajudados pela "caixa escolar" ou por programas municipais ou estaduais – de porte minúsculo, se comparados ao que se montou posteriormente – de aquisição de livros e material escolar para crianças "carentes".

No início da década de 1960, o governo federal começou a intervir mais ativamente, e surgiu a Campanha do Material Escolar e depois a Fundação Nacional do Material Escolar (Fename), que vendia cadernos, lápis, cola, réguas e outros itens semelhantes a valores subsidiados.

Com a implantação e expansão do programa de aquisição de livros para o ensino fundamental, a partir de 1965, as livrarias se viram alijadas, progressivamente, desse mercado. Nos primeiros anos, a expansão da rede pública se dava em quantidade, com uma notória perda da qualidade do ensino. Como resultado, os filhos da classe média foram migrando para as escolas particulares e estas continuaram a fazer suas listas de livros e materiais para aquisição nas livrarias.

Progressivamente, entretanto, as escolas particulares foram descobrindo que a venda de livros e materiais escolares também era uma fonte de renda. Inicialmente indicavam a lista de materiais a serem adquiridos em livrarias específicas, das quais muitas vezes cobravam comissões ou pequenas vantagens. Logo, entretanto, as editoras foram vendendo os livros diretamente para as escolas ou para os professores, que os revendiam aos alunos. Mais recentemente, com o surgimento e crescimento dos "sistemas de ensino", essa faixa de mercado foi se estreitando e pode-se afirmar que, hoje, a participação das livrarias na comercialização do livro escolar é ínfima, se comparada com a de algumas décadas atrás.

É possível adotar medidas práticas de apoio às livrarias dentro do Programa Nacional do Livro Didático (PNLD), o qual, como já se viu, adota o sistema de compras centralizadas, e cujos custos de distribuição e logística não são transparentes como deveriam ser.

Entidades do livro, particularmente a CBL, em gestões passadas, insistiram para que o MEC desenvolvesse um sistema de aquisição que incluísse as livrarias, pelo menos nas cidades onde existiam ou viessem a existir. A remuneração teria que ser negociada, inclusive com os editores, para que os custos de logística fossem pagos às livrarias que entregariam os livros nas escolas.

Como os custos de logística e administração aplicados pelo MEC não são transparentes, é difícil prever o impacto que uma solução desse tipo teria no orçamento dos programas do livro do ministério. Nessa contabilidade devem entrar não apenas o que se paga aos correios, como também a logística interna do FNDE, que abrange processamento de dados, pagamento de funcionários, diárias e passagens de funcionários envolvidos na complexa operação.

Uma modificação dessa sistemática certamente não pode ser abrupta nem generalizada, já que não existem livrarias em todos os municípios. Mas um processo negociado de inclusão de livrarias em municípios onde houvesse essa estrutura bem implementada traria grandes vantagens, e não só para o sistema livreiro: ao estimular a ida de professores e alunos às livrarias, o MEC estaria ajudando no hábito de freqüentá-las, educando todos na variedade de títulos disponíveis.

Mais ainda que o PNLD, se o Programa de Biblioteca nas Escolas (PNBE) fosse reformulado para permitir a escolha de livros do catálogo das editoras, e a compra fosse pelo menos parcialmente descentralizada, o impacto nas livrarias seria simplesmente fenomenal, estimulando a abertura de novas lojas em muitos municípios.

Existe outro componente no problema enfrentado pelas livrarias: os descontos dados ao consumidor.

O mercado editorial estabelece seus preços "de cima para baixo". O editor fixa o preço de capa – com base no qual pagará os direitos autorais – e vende para o varejo ou para os distribuidores com descontos que, tecnicamente, constituem a margem bruta do segmento. Não entram aqui em discussão os métodos de cálculo do preço feitos pelos editores.[11] Os descontos são progressivos segundo: a) volume da compra; b) posição na cadeia de distribuição – os distribuidores têm, em tese, descontos maiores que os livreiros; c) risco de crédito.

O sistema de venda pelo preço de capa nunca foi sujeito a regulamentação jurídica, e sim fruto dos "usos e costumes" do merca-

---

11. Muitos fatores influenciam o cálculo, inclusive a necessidade de imprimir uma quantidade mínima a cada tiragem, que não é imediatamente absorvida pelo varejo. No período em que se fazia a composição a quente e a impressão tipográfica, esse "mínimo" era proporcionalmente mais alto, pela necessidade de aproveitar a composição. O advento da impressão *offset* e, mais recentemente, de impressoras capazes de rodar tiragens menores a custos relativamente baixos diminuiu – em tese – essa necessidade. Gabriel Zaid (*op. cit.*) discute de forma bem criativa esse fenômeno e suas conseqüências para a indústria editorial.

do editorial. Os descontos para os clientes, por isso mesmo, há muito tempo eram tolerados: compradores preferenciais das livrarias, professores etc. conseguiam regularmente descontos por volta de 10% do preço de capa.

Dos anos de 1970 para cá, esse sistema começou a erodir: as grandes redes de livrarias começaram a pressionar os editores por maiores descontos, os quais utilizam essas margens em "guerras de descontos" para atrair clientes; as editoras de livros didáticos podiam oferecer descontos menores para as escolas ou para os professores aos quais vendiam diretamente os livros, pois, para estes, a venda significava um rendimento adicional e eventual, e também não tinham que suportar os custos fixos e a carga tributária que as livrarias têm.

A discussão sobre o "preço fixo" não é exclusiva do Brasil. Os defensores do preço fixo argumentam que essa medida é essencial para a manutenção das pequenas livrarias e que estas são fator da maior importância para garantir a diversidade da oferta, já que as grandes redes tenderiam a se concentrar na venda dos *best-sellers* e desprezar a diversidade. Segundo os defensores do preço fixo, a concorrência se dá precisamente na qualidade do serviço e do estoque das livrarias, e não no preço. Alemanha, França, Portugal e outros países da Europa Ocidental adotam o preço fixo, seja por acordo intersetorial (Alemanha) ou por legislação (França e Portugal). Essa solução elimina a questão da concorrência pelo preço e, em tese, eliminaria também o problema decorrente da venda direta para escolas.[12]

---

12. A questão dos descontos vai mais além. As caixas de auxílio dos advogados, mantidas pela OAB, que é uma autarquia, e isentas de boa parte dos impostos das empresas normais, passaram a ampliar seus serviços incluindo neles a abertura de livrarias. Nestas presta-se pouca ou nenhuma importância aos custos fixos, absorvidos pelo fundo comum proveniente das contribuições pagas compulsoriamente

Os contrários ao preço fixo argumentam que o público será mais bem servido com a liberdade de descontos e que a concorrência deve se dar também por aí. A legislação brasileira de defesa da concorrência, muito calcada nessa filosofia, tem barrado sistematicamente iniciativas de livreiros contra as guerras de desconto.

As opiniões nos segmentos do mercado editorial são divididas entre os que defendem e os que contestam a tese do preço fixo. Até o momento, os defensores do *status quo*, não regulamentado, têm levado a melhor.

Não se pode atribuir exclusivamente à ausência do preço fixo os problemas das livrarias – já se viu que são vários e muito mais complexos. Entretanto, ao se somarem todos os problemas com a incapacidade dos livreiros de se organizarem em grupos de compra e desenvolverem estratégias de *marketing* cooperadas, o resultado é o fechamento de pequenas livrarias.[13]

O Plano Real, em 1994, provocou outro abalo sísmico nas livrarias, grandes e pequenas. Com a inflação acentuada e os livreiros conseguindo prazo e desconto dos editores, a venda direta – em dinheiro e cheque – permitia aplicações financeiras que aliviavam a si-

---

em cada ato processual. Passam então a oferecer grandes descontos para os ilustres causídicos, numa espécie de concorrência desleal quase impossível de ser combatida, já que o espírito corporativo alcança também os magistrados. Como a OAB não aceita nem que suas contas sejam fiscalizadas – apesar de ser autarquia –, temos mais esse privilégio nas mãos dos bravos defensores da lei.

13. A concorrência das grandes redes em um ambiente desregulado, cujo paradigma é o dos Estados Unidos, não impediu que os livreiros daquele país enfrentassem o problema de forma muito criativa, fazendo que a American Booksellers Association tomasse não apenas iniciativas legais contra grandes redes e contra editoras que davam condições de venda privilegiadas a estas, como também desenvolvessem um programa muito interessante de *marketing* coletivo, o BookSense. Seja como for, o declínio das "independentes" nos Estados Unidos parece ter sido estancado e seu número voltou a crescer nos últimos dois anos.

tuação de livreiros e distribuidores. A estabilização da moeda cortou, de súbito, essa "vantagem" da economia inflacionária. Grandes redes reagiram buscando aumentar seus descontos,[14] ao mesmo tempo que procuravam cortar custos. As grandes cadeias implantaram também práticas advindas dos supermercados: venda de espaços, cobrança do "enxoval" na inauguração de novas lojas, espaços nas vitrinas e pontos de destaque. Embora estas não sejam ainda práticas completamente generalizadas, as pressões para o aumento de descontos na obtenção de bons espaços nas lojas estão aumentando sensivelmente.

A perda da "margem financeira" prejudicou mais diretamente as distribuidoras, que já operavam com uma margem bruta menor que as livrarias, e várias fecharam as portas, pressionadas também pela crescente inadimplência de pequenos livreiros, os quais não tinham as condições de pressão por descontos das grandes redes.

Existe uma grande diferença entre a estrutura de distribuição das editoras de livros escolares, de literatura geral e de livros religiosos.

As editoras de livros escolares se vêem obrigadas a desenvolver uma extensa rede de "divulgadores", que percorrem as escolas para provocar a adoção dos livros. Isso acontece tanto nas escolas particulares como nas públicas. A quantidade de livros doados a professores é muito significativa.[15] Para que isso seja possível, essas editoras têm, necessariamente, de manter uma rede de filiais ou distribuidores exclusivos.

---

14. O executivo de uma grande cadeia nacional de livrarias que não é de capital aberto declarou sem rodeios, em reunião com os editores, que tinha de aumentar o desconto que recebia porque tinha perdido o ganho financeiro...

15. Segundo a pesquisa sobre produção editorial *Cadeia de comercialização de livros, op. cit.*, no ano de 2002 foram doados 21.180.000 exemplares, a imensa maioria para professores.

Por essa razão, a capilaridade da distribuição de livros escolares é muito superior à dos livros de obras gerais.

O segmento de obras gerais e de livros técnico-científicos geralmente atua de duas formas: venda direta para grandes redes e nos principais mercados (São Paulo e Rio de Janeiro) e venda para livrarias cadastradas e distribuidoras nos Estados. A rede de filiais própria de editoras de obras gerais é bem menor que a dos livros didáticos. Somente algumas das maiores editoras do setor possuem contratos de exclusividade, e não em todas as cidades.

A rede de distribuidores, portanto, atende a uma grande diversidade de pequenas e médias editoras e vem trabalhando com margens reais cada vez menores: as livrarias pressionando por descontos e os editores resistindo a isso. O resultado, nos últimos anos, foi o aumento das vendas comissionadas – sem que os distribuidores comprem quantidades significativas de exemplares para manter estoque de pronto atendimento – e a diminuição de distribuidores. Como conseqüência, as pequenas editoras enfrentam dificuldades cada vez maiores para a distribuição de seus títulos.

As editoras de livros religiosos, por sua vez, trabalham com outros canais de distribuição, além das livrarias. As lojas que vendem livros religiosos *stricto sensu* são, na maioria, livrarias confessionais – católicas, evangélicas ou espíritas – e, além delas, as editoras religiosas usam amplamente as igrejas e outros locais de culto como ponto-de-venda. Padres, pastores, rabinos e demais oficiantes usam a venda de livros – e de material litúrgico variado, quando é o caso – como fonte adicional de renda.

As redes, por sua vez, têm demonstrado tendência a diminuir o número de fornecedores em carteira, procurando atender as editoras de maior porte e que produzem títulos de maior vendagem. As pequenas – ou minúsculas –, por sua vez, têm cada vez menos espaço nas prateleiras das grandes cadeias.

Outro problema sério da distribuição de livros no Brasil é o da logística. O tamanho do país e a precariedade dos transportes encarecem e complicam a distribuição de livros por grande parte do território nacional. Com relação a tamanho, o único país do Ocidente que pode ser comparado com o Brasil são os Estados Unidos.

Neste último, entretanto, o problema foi equacionado de forma muito diferente, pois existem grandes empresas atuando no setor em nível nacional e fortes distribuidoras regionais. Estas se voltam particularmente para o atendimento da demanda de livros de circulação mais restrita. Grandes centros de distribuição com administração computadorizada e a capilaridade das empresas de logística tornam o trabalho das editoras muito mais fácil, em certo sentido.

Assim, os "representantes" das empresas editoriais não são vendedores que tiram pedidos; são, sim, muito mais parecidos com os divulgadores das editoras didáticas, trabalhando na promoção dos livros nas livrarias.

Nos países da Europa Ocidental, editores e distribuidores contam com uma infra-estrutura de distribuição muito mais fácil de operacionalizar, inclusive pelo tamanho dos países, se comparados com os Estados Unidos e o Brasil. Os pedidos feitos durante o dia, para editoras ou para distribuidores, são embarcados pelo correio nos trens noturnos e na manhã do dia seguinte chegam às livrarias.

Na França, com o sistema de preço fixo, a Hachette (Vivendi) montou um eficientíssimo esquema de distribuição de seus títulos e de editores independentes, com armazéns computadorizados e um *fulfilment* dos pedidos extremamente eficaz. Tanto assim que uma das questões mais sérias no exame que a comissão européia faz a respeito da aquisição do grupo Vivendi pelo grupo rival Lagardère é a da distribuição. O Groupe de La Cité (Lagardère) também tem seu esquema forte de distribuição, e a junção dessas duas atividades horroriza os comissários europeus que cuidam da concentração empresarial.

Os livreiros independentes franceses, por sua vez, além de evitarem a guerra de preços com o preço fixo, têm desenvolvido, principalmente fora de Paris, os chamados *groupements libraires*. Estes são, de fato, cooperativas que compram em comum – e conseguem melhores condições ante os editores – e que também definem estratégias comuns de *marketing*, fidelização etc.

Para que isso exista, entretanto, é necessário um volume de capital que o setor de distribuição do Brasil simplesmente não tem.

Os exemplos mencionados mostram, ainda, que o que chamamos de distribuidores, tanto nos Estados Unidos como na Europa, resolvem muito mais o problema da logística do que o das vendas, embora mantenham equipes de vendas próprias, independentes daquelas das editoras.

Existe outro fator que contribui para a boa saúde das livrarias nos Estados Unidos: as bibliotecas públicas, as quais examinaremos com mais detalhes a seguir.

Como podemos ver, o estado do sistema de distribuição de livros é extremamente precário no Brasil e se reflete no pequeno número de livrarias. E, como as exigências de capital para o estabelecimento de um negócio eficaz de distribuição são maiores que as para a fundação de uma editora, a falta geral de capitalização no setor se reflete aqui de forma ainda mais aguda.

Nos últimos anos, o desenvolvimento da Internet criou uma solução parcial para o problema de vendas ao público. Na pesquisa sobre hábitos de leitura e consumo de livros feita no ano de 2000,[16] cerca de 2% dos compradores de livros declararam ter usado a Internet para isso. Naquele momento, essa era uma porcentagem não muito distante da estadunidense, e aparentemente vem aumentando, embora ainda seja necessário aguardar outras pesquisas para saber ao certo.

A venda pela Internet tem, certamente, um potencial ainda a ser desenvolvido. Várias editoras têm testemunhado o aumento de venda de títulos do catálogo ausentes há muito das livrarias e que são garimpados por leitores com os mecanismos de busca da rede. Mas, de forma isolada, isso definitivamente não será a solução para o problema da distribuição de livros no Brasil.

Bibliotecas públicas

O terceiro impasse para o crescimento do mercado editorial brasileiro está diretamente relacionado com as políticas públicas relativas às bibliotecas e à própria percepção da sociedade brasileira sobre esse tipo de instituição.

A biblioteca é um local essencial para a formação cidadã, para o acesso ao conhecimento, à informação e ao lazer. Seu conceito, sua organização e seu uso têm uma longa história, bem exemplificada no livro de Matthew Battles.[17]

---

16. CBL, Snel, Abrelivros, *Retrato da leitura no Brasil*, op. cit.
17. Matthew Battles. *A conturbada história das bibliotecas*. São Paulo: Planeta do Brasil, 2003.

A última mutação do conceito de biblioteca, ocorrida nos dois últimos séculos, é a da sua transformação de *locus* do cânone oficial em reduzida lista dos títulos clássicos que uma pessoa bem formada, instruída, deveria conhecer, no imenso instrumento de divulgação do conhecimento, informação e lazer aberto a todos. A biblioteca particular, com os livros selecionados acessados somente pela elite da sociedade, transforma-se na biblioteca pública. A multiplicação geométrica dos títulos sobre todas as áreas do conhecimento levanta a questão da disponibilidade de acesso em substituição à propriedade e posse dos livros selecionados.

Essa visão da biblioteca, infelizmente, não foi assimilada, na íntegra e na prática, nem pelas autoridades nem pelo conjunto da sociedade brasileira, diferentemente da educação formal.

É impossível pensar em políticas públicas sem levar em consideração a escola e sua implantação.

Essa percepção, entretanto, não existe em relação às bibliotecas. A população não as vê, geralmente, como um equipamento tão necessário quanto a escola e o posto de saúde, o abastecimento de água e de eletricidade. Por isso mesmo, a demanda pela sua existência não é tão forte quanto a que existe em outros países, não apenas da Europa Ocidental e da América do Norte. O Japão e a Coréia, na Ásia, por exemplo, têm uma percepção da importância da biblioteca pública muito mais forte que a brasileira.

As estimativas que se depreendem dos dados disponíveis mostram que algo em torno de 20 a 30% da produção editorial desses países é destinado às bibliotecas públicas. No caso dos livros técnico-científicos, mais de 90% da produção são destinados às bibliotecas especializadas e universitárias.

Antes de examinar como essa situação assume a forma de um impasse para o desenvolvimento da indústria editorial brasileira, vejamos alguns dados, particularmente sobre a situação das bibliotecas nos Estados Unidos.

Os dados extraídos do Bureau of Census, da Association of American Publishers e da American Library Association dos Estados Unidos mostram o seguinte panorama:

Mercado estadunidense (valores em US$)	
Faturamento do setor editorial em 2000	25.000.000.000
Bibliotecas públicas (8.967)	
Valor médio de aquisições por BP	99.000
Valor total adquirido	885.000.000
Bibliotecas escolares (98.1690)	
Valor médio de aquisição (1/3 das bibliotecas públicas)	33.000
Valor total adquirido por BE	3.239.577.000
Bibliotecas acadêmicas (3.408)	
Valor médio de aquisição	132.000
Valor total adquirido	449.856.000
Bibliotecas especiais (11.745)	
Valor médio de aquisições	99.000
Valor total adquirido	1.162.755.000

Total conservador aproximado de aquisições de bibliotecas: 885.000.000 + 3.239.577.000 + 449.856.000 + 1.162.755.000 = 5.737.188.000, ou seja, 23% do total.[18]

---

18. Informações compiladas pela Internet nos *sites* do USA Bureau of Census, da American Association of Publishers e da American Library Association. O dado do faturamento do setor editorial é do ano 2000, e os das aquisições e número de bibliotecas são de 1997.

Apesar do surgimento de meios tecnologicamente mais atualizados de obtenção e circulação de informação – e aqui não se usa o conceito de "mais modernos" propositalmente –, como os computadores, é no livro que temos o instrumento fundamental e insubstituível de transmissão do conhecimento acumulado pela humanidade. E, em nosso país, podemos afirmar que estamos em uma situação simplesmente calamitosa no que diz respeito ao acesso a essa ferramenta tão importante.

Segundo o Ministério da Cultura, existem cerca de 3.200 bibliotecas públicas no Brasil. Trata-se de um mito, pois a maioria absoluta destas existe apenas nominalmente e não passa de pequeno depósito empoeirado de livros. A cidade de São Paulo, que dispõe do melhor sistema de bibliotecas públicas do país, tem cerca de cem unidades, quando deveria ter o triplo. E, o que é pior, *todas* estão com acervos defasados, *poucas* são as que dispõem de serviços de circulação e os sistemas estão absolutamente sobrecarregados e obsoletos.

O Estado de São Paulo, unidade mais rica da federação, até pouco tempo reconhecia oficialmente que quase duzentos municípios não dispunham de *nenhuma biblioteca pública*.[19]

Não se trata simplesmente de "amor aos livros". O problema é muitíssimo mais grave. Hoje, a área metropolitana de São Paulo tem quase dois terços de seu PIB proveniente de atividades industriais. O terço restante vem dos serviços, inclusive do comércio. Em dez anos essa proporção deverá se inverter. Como reciclar milhões de pessoas para novos tipos de atividades sem que tenham acesso aos livros? É simplesmente impossível.

---

19. Volta e meia aparecem na imprensa notícias sobre o número real de bibliotecas. O que destaco aqui é que simplesmente não há nenhum estudo sistemático a respeito. Portanto, não se conhece o número de bibliotecas de acesso público no Brasil.

Uma política de bibliotecas públicas é, em primeiro lugar, uma política de inclusão e de renda. Ao fornecer o acesso aos livros, criam-se dois processos de geração de renda. O primeiro, por fazer mover a engrenagem de produção da indústria editorial é matemático e em economês. Mas o mais importante é o segundo: a informação disseminada gera mais renda, mais aquisição não apenas de livros, como também de informação e formação em geral.

A realidade é esmagadora; a comparação, humilhante.

Não se pode negar que houve avanço nos últimos anos, como a retomada das compras pelo Ministério da Cultura, entre 1998 e 2000. Viu-se, porém, a absoluta insuficiência do programa "Uma Biblioteca em cada Município",[20] que, aliás, esteve paralisado em 2003. E há um esforço das prefeituras e dos governos estaduais para aumentar a aquisição de livros para o acervo das bibliotecas, mas, é necessário repetir, esse esforço é insuficiente.

Ademais, as compras do governo federal, por meio do MinC, sofrem da mesma distorção centralizadora das compras do livro didático do MEC. São comissões que escolhem livros em Brasília, totalmente distanciadas das necessidades do público que freqüenta cada biblioteca, como se verá no próximo capítulo. Essa vocação centralizadora se reproduz em Estados e municípios, onde são raros os que permitem que os responsáveis pelas bibliotecas e seus usuários tenham voz ativa na definição dos acervos a serem adquiridos.

A descentralização das compras de acervos para as bibliotecas públicas, com o estímulo à participação dos usuários por meio de so-

---

20. Ver o próximo capítulo, "Os programas federais de aquisição de livros", pp. 139-72.

ciedades de amigos das bibliotecas, é elemento central de uma reformulação conseqüente da política pública para o setor.

O estímulo à constituição e organização de sociedades de amigos das bibliotecas é também o estímulo à mobilização local. É certo que, com recursos escassos, a mobilização de empresas e pessoas no apoio às instituições locais representa importante fator de educação, conscientização da importância da biblioteca e mobilização de recursos. Essas iniciativas devem poder contar com o uso de incentivos fiscais simplificados, para que o pequeno contribuinte possa colaborar diretamente com as instituições culturais do seu entorno.

A percepção da importância das bibliotecas não surge espontaneamente na população. É um trabalho de décadas de conscientização e de investimento público na educação, investimento decorrente da compreensão da importância da universalização do ensino.

Em relação ao nível de investimentos públicos, o que prevalece nos países desenvolvidos da Europa Ocidental e nos Estados Unidos é que cerca de um terço do mercado editorial é composto por compras de bibliotecas. E estamos falando do mercado de livros de interesse geral, e não de livros de texto escolares, os livros didáticos propriamente ditos. No Brasil, isso seria o equivalente – descontados os livros didáticos – a pelo menos R$ 300 milhões por ano a serem gastos no sistema de bibliotecas de acesso público. Mas implica, sobretudo, uma radical transformação da concepção de política cultural.

Enquanto esta não estiver voltada para efetivamente proporcionar meios para que as mais amplas camadas da população tenham acesso aos bens culturais, os recursos nunca serão suficientes.

O impasse que a ausência de uma política consistente de desenvolvimento do sistema de bibliotecas públicas provoca no mercado editorial não se restringe aos editores e livreiros. É o impasse entre o acesso elitizado ao livro e à leitura e a urgência em construir uma sociedade mais democrática em nosso país.

Os três problemas abordados estão interligados. A solução desses impasses depende tanto de decisões de políticas públicas quanto da solução de problemas decorrentes da dinâmica interna do setor editorial e livreiro.

Desatar esses nós é condição necessária (sem excluir, certamente, outras medidas na área da educação, da difusão do hábito da leitura e da inclusão social) para que o Brasil possa se caracterizar efetivamente como um país que valoriza o livro e o considera instrumento eficaz de desenvolvimento econômico e social.

Os programas federais de aquisição de livros[1]

No capítulo "A indústria editorial no Brasil no século XX", ficou evidenciada a importância dos programas educacionais do governo para o desenvolvimento do mercado de livros. Em contrapartida, houve, naturalmente, o surgimento e o crescimento da preocupação das autoridades responsáveis pela educação com a qualidade do material didático oferecido aos alunos, particularmente depois que se adotou a política de fornecê-lo ao conjunto de estudantes da rede pública de ensino básico, com a conseqüente aquisição de quantidades crescentes de livros. Acrescentando merenda escolar, réguas e cadernos, transporte, assistência médico-odontológica etc., temos toda uma dimensão de política assistencial na educação pública.

No que nos interessa, basta assinalar que a preocupação com a qualidade destes livros didáticos aumentou, e muito justamente.

Não se pretende aqui apresentar a história desse processo. O capítulo focaliza principalmente os dois quadriênios da presidência FHC e da gestão de Paulo Renato Souza no MEC e de Francisco Weffort no MinC, apontando ainda para algumas continuidades verificadas no primeiro ano da gestão petista.

A primeira observação a ser feita sobre a política do governo federal em relação ao livro é a respeito de sua fragmentação.

---

[1]. Este capítulo sintetiza vários materiais preparados para intervenções em seminários do MEC e avaliações de uso da então Diretoria da CBL.

Se por um lado o Ministério da Educação estabeleceu metas desde o início da administração, vinculando claramente os programas de aquisição de livros aos objetivos da política educacional – entre os quais se destacavam a universalização do ensino fundamental, o início de um processo de formação continuada dos professores e a busca, em geral, da melhoria da qualidade do ensino –, por outro o Ministério da Cultura não estabeleceu nenhuma política coerente nem metas a serem alcançadas, senão de forma fragmentária e apenas no segundo mandato presidencial.

Os dois ministérios nunca tiveram uma coordenação efetiva que pudesse representar uma política de conjunto, sistemática e articulada do governo federal em relação ao livro e à leitura. Cada ministério ficou por sua conta. Somente nos primeiros meses da administração tucana houve uma tentativa, com a Câmara Setorial do Livro e da Comunicação Gráfica, de estabelecer uma política conjunta. A fraqueza do Ministério da Cultura, a resistência do Ministério da Educação e, como pano de fundo, o desprezo das áreas econômicas e de desenvolvimento industrial frustraram o projeto. Inicialmente tocada pelo Ministério da Cultura, a Câmara Setorial do Livro e da Comunicação Gráfica (CSLCG) mobilizou editores, autores, professores e funcionários públicos durante meses. Foram criados um anteprojeto de Lei do Livro e um documento de metas e indicações de política cultural que projetava ações até o ano de 2000 (a CSLCG funcionou em 1995 e 1996), que, depois de apresentados ao Ministério da Cultura, lá passaram a dormir o sono dos justos até o final da gestão Weffort.[2]

---

2. Na legislatura passada, o senador Sarney aproveitou boa parte desse material na elaboração de sua proposta de Lei do Livro, sancionada em 2003 já pelo presidente Luiz Inácio Lula da Silva. Cabe observar que o projeto da CSLCG supunha a apresentação do projeto pelo Executivo, já que várias

Já que a política se tornou fragmentada, não nos resta outra opção senão a de analisá-la por meio dos projetos fragmentados que foram aplicados. No final, teceremos algumas observações gerais.

O Ministério da Educação

O MEC é o maior comprador de livros do país e, certamente, uma das maiores agências de aquisição de livros do mundo. Durante os oito anos da administração FHC, adquiriu cerca de um bilhão de exemplares de livros, fundamentalmente didáticos, para o ensino fundamental.

Cabe observar que o ministro Paulo Renato resistiu à investida de alguns técnicos que, no início da administração, procuravam pavimentar o caminho para a adoção do "livro único". Terminou prevalecendo a opinião sensata de que a diversidade da oferta produzida pelos autores e editores de livros didáticos deveria ser preservada. Depois de confirmada essa decisão, o processo de avaliação dos livros ofertados foi claramente dirigido para o que se poderia chamar de "redução qualitativa" da oferta, com o favorecimento dos títulos enquadrados nas propostas pedagógicas defendidas pela Secretaria de Educação Fundamental, como veremos. O que se observa nitidamente, entretanto, é que a ênfase na avaliação se afirmou no processo de rejeição da proposta do "livro único", que foi aventada durante

---

medidas ali previstas não podiam ser de iniciativa de parlamentares. Naquele momento, Ottaviano de Fiore, secretário do Livro e da Leitura do MinC, engavetou o projeto, não prosseguiu a sua discussão e formatação – que exigiam negociações com várias áreas do governo – e jamais levou o anteprojeto adiante.

a execução do chamado Projeto Nordeste, financiado pelo Banco Mundial.

Naquela ocasião, ensaiou-se a organização de um concurso entre professores. O livro ganhador seria o editado com os recursos do banco. O projeto foi abortado graças aos editores e autores. No entanto, a solução então encontrada para selecionar os livros para o Projeto Nordeste (que, em tese, deveriam ser os mais capazes de suprir inclusive as deficiências do atraso educacional da região) foi muito ruim: uma seleção com uma "marca de corte" pedagógica que zerava a disputa pela qualidade. Ou seja, os livros eram avaliados por suas qualidades, mas todos os que tivessem a qualificação mínima concorriam em igualdade de condições a partir daí; na segunda etapa, escolhia-se tão-somente pelo preço mais baixo. O resultado desagradou a professores, técnicos e à maioria dos editores e autores.

Foi nesse momento que se enfatizou o processo de avaliação do conjunto da produção editorial para as escolas, dando continuidade a um projeto iniciado ainda no governo Itamar Franco, quando Murilo Hingel era o ministro.

O programa correu paralelamente, no início, à formulação dos Parâmetros Curriculares Nacionais (PCNs). O governo federal não tem poderes para impor aos Estados o currículo dos ensinos fundamental e médio, mas a elaboração desses parâmetros, assim como a nova Lei de Diretrizes e Bases da Educação e a implantação do Fundo de Desenvolvimento da Educação (Fundef) provocaram grandes modificações na dinâmica do ensino público e privado no país.

A aquisição de livros didáticos pelo MEC se dá por meio do Programa Nacional do Livro Didático (PNLD), cuja formulação básica atual data de 1985. Naquela ocasião, o então ministro Marco Maciel promoveu uma reforma radical nos métodos de aquisição de livros pelo MEC, pois até então os títulos eram escolhidos por uma comissão integrada por funcionários federais e estaduais, os quais agiam com base em supostos "critérios de qualidade". O resultado era, quase invariavelmente, a não-utilização dos livros pelos professores, que não viam neles nenhuma afinidade com seu trabalho. Abundavam – quando a censura permitia – denúncias de livros mofando nos porões das escolas, além de constantes acusações de corrupção no processo de escolha dos livros.

Diante disso, o ministro Marco Maciel estabeleceu a norma de que as escolas – seus professores, mais especificamente – escolheriam os livros que desejassem, com primeira e segunda opções, e essas informações, consolidadas pela Fundação de Assistência ao Estudante (FAE), levariam à aquisição dos livros. Essa medida eliminou de golpe a maioria das acusações de corrupção. Muito embora houvesse – e ainda há! – ocasiões em que as autoridades educacionais passavam por cima das escolas e decidiam quais livros deveriam ser adotados, o "índice de corrupção de programa" (ICP) tornou-se baixíssimo no que diz respeito à escolha dos livros. Os problemas persistiram, entretanto, na execução do cronograma e no processo de distribuição. As vicissitudes orçamentárias fizeram que, em vários anos, os livros chegassem atrasados. Houve o famoso caso da transportadora F. Souto, contratada para o romaneio e distribuição dos livros, que acabou sendo acusada de não entregá-los e de vender boa parte deles como aparas.

Essa questão do cronograma de execução do programa e da entrega dos livros foi enfrentada com firmeza pelo ministro Paulo Renato e atualmente os livros estão nas escolas antes do início das aulas.

Editores, autores e entidades do livro, entretanto, mantêm sérias reservas sobre a mecânica desse processo. Não por suspeitas de corrupção, e sim por uma questão de princípio: a defesa da compra descentralizada que envolva a participação das livrarias locais, pelo menos em uma parcela substancial do processo.

Da mesma forma, embora considerando positivo o fato de o Ministério da Educação fazer as avaliações, em várias ocasiões foram feitas restrições ao modo como estas vinham sendo realizadas.

No seminário de "avaliação da avaliação" do livro didático, ocorrido em Brasília nos dias 25 e 26 de novembro de 2002, no momento final da administração de Paulo Renato, os editores sintetizaram várias dessas observações.

A avaliação do material didático oferecido às escolas brasileiras deveria ser um processo permanente e sistemático. Entretanto, duas circunstâncias fizeram que isso não ocorresse de forma satisfatória: a) a autonomia dos Estados relativa aos currículos e b) as deficiências técnicas da maioria das secretarias de Educação.

As editoras de livros didáticos e seus autores sempre tiveram importante papel na consolidação dos processos de aprendizagem, principalmente diante da omissão do Estado em estabelecer currículos sistemáticos; entretanto, sempre buscaram atender às ementas dos cursos ou ao que passava por currículo nos Estados.

Da mesma forma, sempre trataram de incorporar novas metodologias de ensino e de trabalho em classe. Todas as grandes inovações de métodos didáticos foram introduzidas em nosso país, e difundidas aos professores, com grande participação dos livros didáticos e do material teórico e de formação profissional proporcionados pelas editoras brasileiras, independentemente de ações governamentais nesse sentido.

Os autores e as editoras sempre se preocuparam em produzir materiais didáticos diferenciados, levando em consideração a extrema disparidade existente na formação dos professores brasileiros, fato ainda não superado. Assim, junto com Estados que têm programas de formação e qualificação profissional, há municípios nos quais a formação dos educadores é praticamente nula. Apesar de hoje não haver mais – pelo menos com a extensão de alguns anos atrás – uma quantidade substancial de professores leigos, que tinham de aprender de véspera o que iam ensinar no dia seguinte em classes multisseriadas, não se pode deixar de reconhecer a heterogeneidade enorme da formação profissional do professorado brasileiro. Note-se que a obrigação legal de que todos os professores de ensino fundamental tenham formação universitária ainda é algo que está no terreno das intenções em vários Estados, apesar do prazo legal estabelecido pela LDB para o cumprimento dessa lei.

Por força dessas condições de trabalho e de formação do professorado brasileiro, os autores e as editoras sempre levaram em conta a necessidade de haver oferta diferenciada – em termos metodológicos – de materiais didáticos que pudessem se adequar aos diferentes contextos da atividade pedagógica.

Um elemento crucial para a adequação do livro didático às condições específicas das escolas foi a decisão, tomada ainda quando Marco Maciel era ministro da Educação, no governo Sarney, de fazer que os professores tivessem voz ativa na escolha dos livros, eliminando o processo de avaliação por comissões que estavam sujeitas às mais variadas pressões.

Os editores, por meio de todas as suas entidades – CBL, Snel, Abrelivros –, assim como os autores de livros escolares, pela Abrale, sempre apoiaram de forma decidida a avaliação do livro escolar. Participaram desde as primeiras reuniões promovidas pela Secretaria de Educação Fundamental (SEF/MEC) a respeito do assunto, fazendo propostas específicas de critérios de avaliação.

Em relação a estes últimos, cabe salientar dois pontos: a) os autores são selecionados pelas editoras e suas obras aceitas para publicação pelo fato de serem, sem exceção, considerados especialistas em suas respectivas áreas e professores com experiência direta em sala de aula; b) por conseguinte, e em obediência aos pressupostos da Constituição Federal sobre a liberdade de expressão, não cabe, em princípio, às editoras exercerem censura de conteúdo sobre seus autores. Escritores e editores sempre consideraram que é papel e dever do Estado fazer essa avaliação, assim como rejeitaram, quando constatada, a colocação de imprecisões ou erros factuais nos livros didáticos publicados.

O processo de avaliação conduzido pelo MEC parte dessas premissas.

Dois problemas graves prejudicaram-no. Em primeiro lugar, a falta de diálogo. Durante a gestão Paulo Renato, as avaliações foram – e isso aconteceu principalmente nos primeiros anos de sua aplicação – publicadas sem que houvesse diálogo com os autores, inclusive em situações em que o que estava em jogo não era tão-somente um erro *factual*, e sim uma ou outra *interpretação* colocada no livro didático. O MEC argumentou que esse procedimento se justificava pela necessidade de "mostrar serviço" e eficiência da administração pública, mas o fato é que se cometeram injustiças.

Em segundo lugar, verificou-se que a avaliação privilegiou uma corrente pedagógica em detrimento de outras: no decorrer da administração tucana, era evidente que o MEC considerava o construtivismo, como corrente pedagógica, o *nec plus ultra* da metodologia didática e pedagógica. Não se pode aceitar o equívoco do MEC de fazer restrições a *todas* as outras correntes pedagógicas. De fato, uma das observações mais consistentes feitas pelos editores e autores em relação ao processo de avaliação – além do reconhecimento da necessidade de expurgar erros – foi em relação à importância de *considerar cada livro por sua proposta pedagógica e nunca em contraposição à metodologia pedagógica preferida dos avaliadores.*

Infelizmente, a segunda alternativa sempre foi a preferida pelo MEC. E, se examinarmos a lista dos "estrelados"[3] do período, poderemos facilmente verificar que estes se filiavam ao construtivismo. Ótimo. Perfeito. Mas o que fazer de livros que eram tecnicamente bem elaborados, isentos de erros, e que se filiavam a outras correntes pedagógicas? Será que o magistério brasileiro, ainda mal preparado, tinha condições de usar de forma criativa os livros induzidos pelo "estrelamento" e abandonar métodos com os quais tinha mais segurança?

A iniciativa do MEC de elaborar os Parâmetros Curriculares Nacionais foi a forma encontrada para superar os impedimentos legais de imposição de currículos unificados – já que essa era uma responsabilidade dos Estados. Partia do princípio de que os professores devem ser capazes de construir sua ação docente pela compreensão crítica do processo de aprendizagem, de forma a ancorá-lo não apenas na realidade imediata da vida dos alunos, como, principalmente, na indução de uma percepção crítica dessa realidade.

---

3. No final da gestão Paulo Renato o sistema de qualificar os livros por "estrelas" foi abandonado e substituído por uma classificação mais genérica que partia dos não recomendados e ia aos recomendados com distinção pelos avaliadores do MEC.

Entretanto, ao transformar os parâmetros curriculares em "receita" para os docentes, reduzindo-os a fórmulas que devem ser seguidas, perde-se precisamente esse componente criador e crítico. A formação dos docentes só pode ser realmente eficaz se estes tiverem acesso aos fundamentos que constituíram as bases da formulação dos parâmetros curriculares, de forma que possam, eles mesmos, construir seu processo de transmissão de conhecimentos. A utilização dos parâmetros – que são o resultado da construção de uma teoria pedagógica – como "guia" de uma receita a ser seguida contradiz a raiz de seus objetivos. É, mais uma vez, expressão da ilusão de que se pode impor verticalmente um padrão de ação e de comportamento didático-pedagógico. Em vez de se fornecerem aos professores meios para que realmente se aperfeiçoem – e isso só pode ser conseguido dando-lhes acesso aos livros que fundamentaram a construção desses parâmetros, aliado a um extenso programa de formação *in loco* –, o que se propõe é simplesmente um "treinamento" para a execução de tarefas predeterminadas. Nada mais longe do espírito dos próprios parâmetros curriculares.

O curioso é que um dos elementos constantes das declarações dos responsáveis pela política educacional desse período era para "acusar" autores e editores de usar o livro didático para impor as próprias metodologias e parâmetros pedagógicos. A diversidade de títulos oferecidos, com a multiplicidade de alternativas metodológicas e pedagógicas, desmente essa afirmação. No entanto, o MEC assumiu a própria ilusão, achando que com "livros didáticos perfeitos" haveria professores preparados e capazes, e até mesmo críticos. Nada mais longe da realidade pensar que esse material em algum momento poderia substituir o difícil e prolongado processo de formação do magistério nacional, coisa negligenciada por décadas.

O resultado é que esse sistema de avaliação que prioriza correntes pedagógicas em detrimento de outras foi condenado pelos professores usuários dos livros adquiridos pelo MEC. A SEF encomendou uma pesquisa de campo sobre os padrões de escolha dos livros didáticos ao professor Antonio Augusto Gomes Batista,[4] de cuja exposição vale a pena transcrever alguns trechos:

> Segundo os resultados da investigação realizada, "repugnam",[5] ainda hoje, aos mestres, os livros recomendados pelas "autoridades".
> Esses resultados mostram que, nos atendimentos de 1998 e 2001: (1) as escolas revelaram, predominantemente, uma preferência pelos livros pertencentes às categorias menos valorizadas pela avaliação (NR [não recomendada] e RR [recomendada com restrições], enquanto existiu a primeira categoria; RR quando aquela foi suprimida); (2) a partir de 2001 ocorre uma espécie de decepção das escolas com os livros RD [recomendados com distinção], pois se observa uma diminuição das solicitações desses tipos de livros, embora acompanhada de um aumento da escolha de livros REC [recomendados] (p. 4).
> Os professores parecem buscar nos livros uma síntese adequada do que devem transmitir aos alunos, assim como um conjunto de atividades que explorem, fixem e avaliem esses conteúdos transmitidos. Parecem buscar, portanto, um instrumento adequado a um esquema

---

[4]. "A escolha de livros didáticos de 1.ª a 4.ª série no PNLD: padrões e condições", exposição da pesquisa, SEF/MEC, Brasília, 2002.
[5]. O professor usa uma citação do relatório que Gonçalves Dias fez em 1882 depois de fazer inspeção nas condições de ensino em províncias do Norte e Nordeste, no qual o poeta diz que "repugnam aos mestres [os compêndios] admitidos pelas autoridades". Rel. cit., p. 3.

didático baseado na exposição dos conteúdos pelo livro, em sua explicação e comentário pelo docente, na realização subseqüente de atividades e exercícios pelos alunos e em sua posterior correção pelo professor. Trata-se do esquema didático que se firmou de modo mais arraigado na tradição escolar – centrado no eixo da transmissão – e oposto aos esquemas didáticos centrados no eixo dos alunos, voltados para a indução à apreensão de regras e princípios, para a descoberta ou para a experimentação e que, historicamente, tendem a ser propostos por movimentos de renovação pedagógica (p. 11).

A verdade é que não se pode depender totalmente do material didático para se ter qualidade no ensino: o trabalho com a formação dos professores é fundamental até para que possam usar os bons livros. O mercado editorial, atento a nichos de mercado, oferece a mais ampla gama de títulos com alternativas didático-pedagógicas. Esse é o seu papel. O do Estado é o de bem formar os mestres, para que a eles não "repugnem" as boas coisas.

Em resumo, podem-se considerar os seguintes pontos sobre o processo de avaliação do livro didático promovido nos últimos anos pelo MEC:

a) O Estado tem o dever e o direito de avaliar os livros didáticos. Não apenas, como foi eventualmente argumentado pelo MEC, por ser o maior comprador de livros, mas também porque se trata de um dever público que ultrapassa em muito a circunstância de comprador.

b) A avaliação deve ser entendida como um processo de aperfeiçoamento e de aprendizagem *recíproca* entre autores e avaliadores nomeados pelo Estado, e não como um *processo de acusação* como se caracterizou em alguns momentos, em um claro desrespeito aos autores.

c) A avaliação deve levar em consideração as propostas didático-pedagógicas de cada livro. Além da verificação de erros factuais – obviamente necessária e imprescindível –, deve considerar cada livro segundo sua proposta. Diante disso, orientar os professores sobre as opções didáticas às quais cada livro está afiliado, sem privilegiar esta ou aquela tendência, considerada como a mais moderna e atualizada.

Com todas essas ressalvas, no entanto, pode-se concluir que o processo de avaliação foi positivo, no fundamental. Até porque permitiu, em retrospecto, assinalar o papel positivo dos autores e editores de livros didáticos e a omissão anterior do Estado.

A esperança de escritores e casas editoriais, portanto, é a de que todas as circunstâncias desses anos sejam levadas em consideração, para que haja não apenas uma continuidade do processo de avaliação, como também um *aperfeiçoamento* contínuo desse processo.

Ainda em relação ao PNLD, os editores têm feito reparos veementes à forma como se divulgam os custos do programa. O MEC anuncia sempre que compra os livros das editoras por "uma fração" do que custam em livraria. Essa matemática, se estivesse em um livro didático, não permitiria que este fosse adotado nas escolas públicas, pois o MEC "esquece" sistematicamente algumas questões:

- O Ministério paga tão-somente o custo do caderno tipográfico, acrescido de porcentagem de direitos autorais e o que estabelece arbitrariamente como margem das editoras. Não divulga todos os demais gastos envolvidos no programa, tais como os custos dos correios, os custos de seu pessoal, de luz, de instalações, de passagens aéreas etc. – em poucas palavras, todos os custos de operação da máquina estatal envolvida na execução do programa.

- O MEC se recusa a pagar pelo desenvolvimento editorial dos livros adquiridos. Este é um processo caro, que pode demorar vários anos.
- O MEC não considera os custos de divulgação dos livros aos professores, condição *sine qua non* para sua adoção.
- E finalmente – e isso o MEC reconhece – o grande volume de compras faz que os custos unitários baixem, embora não na mesma proporção alegada pelo ministério.

Conseqüentemente, as editoras se vêem obrigadas a incorporar todos esses custos, mais os custos de distribuição, aos livros que vendem às livrarias para atendimento às escolas particulares.

Dessa forma, o que se pode perceber claramente é que o PNLD executa um programa de transferência de renda: os livros adquiridos pela classe média, que está nos colégios particulares, pagam uma parcela substancial dos custos dos livros vendidos ao governo. As conseqüências específicas desse fenômeno – aumento dos alunos nas escolas públicas e maior penetração dos "sistemas de ensino" – turvam o panorama da indústria editorial, como já se viu em outro capítulo.

Certamente estamos longe de nos contrapormos, a princípio, a medidas de transferência de renda. Ao contrário, reconhece-se que esse é um importante mecanismo redistributivo. Mas há que rejeitar, categoricamente, que isso seja feito de forma oculta. Deve ser explicitado e não se pode usar o subterfúgio de atribuir às editoras o papel de gananciosas que cobram caro do público os mesmos livros que o governo compra "barato".

Por isso mesmo, faz-se urgente a discussão aberta e franca sobre os custos, a qual poderia lançar luzes sobre uma proposta de descentralização das compras, com o envolvimento das livrarias. Caso fosse feita uma conta que considerasse todos os fatores de custo envolvidos, poder-se-ia chegar a uma fórmula que permitiria que, pelo menos em parte, os livros fossem adquiridos, pelas escolas, diretamente das livrarias, com a manutenção da gratuidade dos livros para os alunos das escolas públicas.

Uma política desse tipo, que tem de ser cuidadosamente negociada e implementada por etapas, é de fundamental importância para o desenvolvimento das livrarias em nosso país, as quais se vêem privadas de uma movimentação financeira importante para sua sobrevivência durante o ano. A política de compras centralizadas do MEC retira uma parcela substancial da demanda a ser oferecida às livrarias, dificultando sua expansão e mesmo sua sobrevivência, com conseqüências desastrosas para a rede livreira, que cumpre importante papel social na difusão do livro.

O segundo grande programa de aquisição de livros do MEC é o chamado Programa Nacional de Bibliotecas nas Escolas (PNBE).

As bibliotecas escolares são, desde muito tempo, negligenciadas pelas autoridades educacionais. Uma das razões para isso foi a resistência corporativa dos bibliotecários, os quais, por meio de suas associações, defendem fervorosamente a imposição de que cada biblioteca escolar – por ser biblioteca – deva ser dirigida e administrada por um bibliotecário formado, apoiando-se em legislação vigente que reserva esse "couto de caça" para a categoria.

Ora, com mais de 200 mil escolas públicas, não existe nem mesmo a possibilidade, em curto e médio prazos, de haver bibliotecários suficientes para tal. Em vez de apostar no crescimento do número de bibliotecas, que geraria demanda de profissionais, os bibliotecários partiram para a posição corporativista de bloquear esse desenvolvimento, exigindo a contratação prévia de profissionais.

Para obviar o problema, o MEC optou, ainda nos anos de 1980, por um "jeitinho", criando o programa Salas de Leitura. Este, sem a imposição do nome "biblioteca", pode ser manejado pelo pessoal docente.

O programa funcionou até o governo Collor, quando este o desativou no desmonte geral da administração pública que promoveu. Em vários Estados, no entanto, foi mantido, adquirindo características diferenciadas; em alguns são atualmente verdadeiras bibliotecas, e em outros continuam precariamente como uma coleção de livros usados de forma mais ou menos eficaz pelos professores – essa eficácia dependendo, em grande medida, da qualidade de formação destes e da ação normativa e mobilizadora das secretarias de Educação estaduais.

Ainda no âmbito estadual aconteceram os Cantinhos da Leitura, de formato parecido com o das Salas de Leitura. Entretanto, destaque-se o fato de os primeiros terem se constituído em feiras de livros, organizadas pelas secretarias de Educação, nas quais os professores tinham a oportunidade de escolher os títulos que iriam para suas escolas.

Mais recentemente, secretarias de Educação estaduais e municipais têm proporcionado, durante as feiras de livros locais, a oportunidade para os professores adquirirem livros diretamente delas.

Durante o governo Itamar Franco aconteceu a primeira iniciativa para retomar o assunto das bibliotecas nas escolas. Foi feita uma seleção de títulos de interesse dos professores e esses livros, adquiridos pelo MEC sob a rubrica "Biblioteca do Professor", foram enviados para uma parcela das escolas públicas.

Já no final do primeiro mandato do governo FHC, o MEC tomou a iniciativa de retomar o programa. Nomeou uma comissão de "sábios" para fazer indicação de uma bibliografia.

No seminário sobre o PNBE promovido pela Fundação Nacional do Livro Infantil e Juvenil FNLIJ, por ocasião do IV Salão do Livro Infantil e Juvenil, no Rio de Janeiro, em novembro de 2002, tive a oportunidade de sistematizar algumas observações sobre o programa.

É altamente positiva a iniciativa de ampliar o uso de literatura no ensino básico, assim como o esforço de fazer que as crianças levem os livros para casa, troquem-nos entre si e os usem das mais distintas formas.

O PNBE é também uma mostra de que o Ministério da Educação desenvolveu uma política em relação ao livro e à leitura. E a sua existência não significa concordância dos editores e autores quanto ao seu conteúdo nem quanto à sua metodologia de implementação.

Essa política teve vários momentos, no que diz respeito ao uso do livro não didático:

a) A primeira biblioteca na escola contou com um acervo determinado por uma comissão de "notáveis" que não teve a menor consideração para com o uso e os objetivos de uma biblioteca escolar. Levar títulos como *O Uraguai*, *Sermões de*

Vieira, as obras de Rouanet, de Bosi e outros autores, sem dúvida importantes, mas absolutamente inadequados para utilização no ensino fundamental – seja por alunos, seja por professores –, foi um erro, desperdiçando uma boa idéia.
b) O segundo PNBE foi dedicado à literatura infantil e juvenil, sem dúvida um avanço em relação ao primeiro. Entretanto, no processo de seleção já se configuravam problemas muito sérios, que serão examinados mais adiante.
c) O terceiro PNBE o foi somente no nome: usaram-se os recursos orçamentários previstos para distribuir pelas escolas a coleção Parâmetros em Ação, do MEC. Nada contra a divulgação desse material, mas foi incorreta a sua qualificação como parte do programa.
d) O quarto e o quinto PNBE optaram pelo formato da coleção de livros previamente definidos quanto a tamanho, tipologia e temas, enquadrando as propostas em um formato rígido. Nesses dois programas, apelidados então de "Literatura em Minha Casa", a grande novidade foi a introdução do conceito de levar a literatura para a casa dos alunos.

Os parâmetros curriculares aprovados e difundidos pelo MEC representaram um importante avanço na utilização do livro em sala de aula. Não mais restritos aos livros didáticos *stricto sensu*, o livro poderia ser útil para o desenvolvimento de temas transversais, projetos multidisciplinares, trabalhos de equipe planejados pelo conjunto dos professores etc.

Alguns Estados avançaram notavelmente nessa concepção. Destaque-se São Paulo, onde o PNLD descentralizado prevê a possibilidade de os professores escolherem livros didáticos, "paradidáticos" (uso o termo com ressalvas, simplesmente pela sua comodidade) ou combinações dos dois.

Os programas para o ensino médio tanto de São Paulo como de Goiás avançaram ainda mais, permitindo o uso de obras de referência, ampla seleção de romances, contos, livros de divulgação científica etc.

Uma das características comuns a esses dois programas foi a ampla participação dos professores na escolha dos títulos. Os livros foram cadastrados com antecedência pelas editoras e analisados extensivamente por equipes das secretarias de Educação, que constituíam "módulos" ou permitiam a escolha direta segundo parâmetros quantitativos e qualitativos (tipos de livros) previamente estabelecidos.

No entanto, a característica essencial de direito de escolha dos professores foi totalmente abandonada no PNBE. As coleções são escolhidas por uma comissão, que sem dúvida é ampla e inclui vários segmentos de interessados. Entretanto, o formato escolhido apresenta muitos problemas que deveriam ser modificados no futuro.

Infelizmente, cabe aqui, de passagem, a observação de que na primeira versão do PNBE do governo petista, o ministro Cristovam Buarque repetiu o processo e também o modelo. Apenas aumentou o número de coleções adquiridas, estendendo a entrega para os alunos da oitava série e do ciclo final da Educação de Jovens Adultos (supletivo).

Esse formato do PNBE tem conseqüências danosas tanto para a indústria editorial quanto, e principalmente, para o processo de difusão do hábito da leitura nas escolas, como veremos a seguir.

Primeiro examinemos algumas informações básicas sobre a produção de livros para crianças e jovens no Brasil, extraídas do

Diagnóstico do mercado editorial brasileiro, produzido pela CBL e pelo Snel. Com esses dados podemos verificar que em apenas dois anos e meio (2000, 2001 e primeiro semestre de 2002) foram publicados, em primeira edição, 4.574 títulos classificados como "literatura infantil"; 4.073 como "literatura juvenil", em primeira edição; e 3.190 sob a rubrica de "paradidáticos". Se considerarmos primeiras edições e reedições, o total global, para esse mesmo período, é de 45.152 títulos publicados.[6] Só em primeira edição foram, então, 11.837 títulos. Isso tudo em cinco semestres. Sem dúvida, uma riqueza de oferta muito significativa.

Mesmo que educadores ou psicólogos façam uma depuração maciça desses títulos, ainda sobra muita coisa para escolher, mesmo que essa escolha seja restrita apenas aos livros adequados para a faixa de idade das crianças que estejam em determinada série do ensino fundamental.

O PNBE, entretanto, selecionou apenas trinta títulos em sua primeira versão do "Literatura em Minha Casa", e mais quarenta na segunda. Ou seja, apenas 0,001% da oferta disponível. Sem dúvida alguma um processo de concentração, de restrição da oferta, que causa muitos danos ao programa.

Essa restrição da oferta tem conseqüências. Em primeiro lugar, homogeneíza o que, pela própria natureza, é heterogêneo: as necessidades dos projetos pedagógicos desenvolvidos pelas escolas com populações muito diferenciadas quanto a condições socioeconômicas, históricas, geográficas e mesmo de grau de familiaridade com o livro e a leitura. Isso sem falar nas deficiências dos próprios mestres. Em

---

6. *Diagnóstico do mercado editorial brasileiro*, op. cit.

resumo, joga pela janela a imensa diversidade de possibilidades de uso dos livros; elimina a grande conquista de permitir que os professores tenham voz ativa na escolha do material que usam em sala de aula, retrocesso sério diante do que se vem fazendo desde 1985.

A formatação rígida das coleções também é negativa. A literatura para crianças e jovens produzida no Brasil é internacionalmente reconhecida por sua riqueza, criatividade e diversidade. A obrigação de *reduzir* essa criatividade a um formato (14 x 21 cm), a uma tipologia e a ilustrações em P. & B. certamente *castra* a possibilidade de muitos autores e ilustradores poderem ter seus trabalhos aproveitados; e mais, despreza o catálogo das editoras e os investimentos de anos na literatura infantil e juvenil, já feitos com sucesso.

A forma de seleção das coleções produz o efeito daninho de fazer que autores e editores disputem *entre si* quando na verdade deveriam estar disputando *ao lado dos mestres* a possibilidade de que seus livros sejam escolhidos por suas qualidades intrínsecas e por sua adequação ao trabalho proposto pelos professores.

Não há nenhuma justificativa teórica ou pedagógica para que apenas os alunos da quarta série (ou da oitava e do supletivo, no caso) recebam os livros, salvo a alegada falta de recursos. Na verdade, esses alunos se tornam privilegiados diante dos seus colegas, que não recebem as coleções nem dispõem de acesso a bibliotecas escolares decentes.

Vejamos agora algumas das alegações do MEC e do FNDE para que esse formato fosse adotado:

- Tamanho do programa: o MEC alega que a quantidade de livros adquirida levaria necessariamente a uma restrição da quantidade da oferta, por razões logísticas; a diversidade

estaria "garantida" pela exigência de tipos diferentes de livros em cada coleção: romance, poesia, folclore etc.
- A formatação dos livros também obedeceria a considerações logísticas.
- A escolha por uma comissão de alto nível garantiria que apenas "o melhor" seria levado aos alunos e às suas famílias.

Examinemos de perto essas alegações.

A primeira é certamente um fator a ser considerado. Mas tudo no Brasil é grande e complicado, fruto da diversidade, do tamanho e das características do país. O tamanho do programa deve ser considerado um desafio, uma vez que reflete a diversidade da oferta e sua adequação também à diversidade da demanda, decorrente das várias situações de ensino encontradas. Finalmente, não podemos esquecer que um programa muito grande, como o PNLD descentralizado de São Paulo, consegue fazer isso. E essa é a maior parte do bolo do programa de livros didáticos no Brasil.

Uma das dificuldades freqüentes do PNLD foi a instabilidade de seu cronograma. Um dos grandes méritos da administração Paulo Renato no MEC foi justamente dar um jeito nessa situação, fazendo cumprir prazos e etapas. O mesmo poderia ser feito em relação ao PNBE, de forma que os prazos fossem conhecidos com antecedência e permitissem uma operacionalização correta do programa.

A alegação de que a exigência de vários tipos de livros nas coleções supre o problema da diversidade é, no mínimo, ingênua. Basta olhar os números. E não se pode nem mesmo alegar que faltaria tempo para avaliar toda a oferta, de maneira que os professores escolhessem entre títulos adequados. Não apenas a FNLIJ tem várias dezenas de milhares de livros avaliados em sua história, como também outras instituições fazem esse tipo de trabalho, seja em secretarias municipais, como é o caso do Departamento de Bibliotecas Infanto-Juvenis da Secretaria Municipal de Cultura de São Paulo, seja em várias universidades. Ou seja, já se dispõe, para uso imediato, de uma quantidade apreciável de acervos avaliados segundo a qualidade e a adequação para cada faixa etária. Além do mais, pode-se exigir que as editoras façam uma pré-seleção, inscrevendo livros segundo critérios definidos.

O que parece realmente evidente na formatação física dos livros e das coleções é a opção do FNDE de negociar esses títulos de acordo com o mesmo padrão em que se negocia o livro didático: caderno tipográfico. Além dos vários problemas já levantados em diferentes ocasiões pelos editores acerca desse método de negociação, que não cabe reiterar aqui, basta assinalar que, pelo menos no caso do livro didático, a formatação em 16 x 23 cm inclui a impressão a quatro cores. E mais, sem dúvida no caso dos manuais didáticos essa formatação é plausível e defensável, mas não no caso do livro infantil e juvenil, nos quais a *forma* faz parte, muitas e muitas vezes, do *conteúdo*. Com essa decisão, o FNDE certamente simplificou sua tarefa, mas quem saiu perdendo foi a *qualidade* do programa. O exemplo das Cirandas de Livros – programa financiado pelo Hoechst na década de 1980 que atendeu a cerca de 35 mil escolas – mostra a viabilidade de negociação com as editoras com os mais variados títulos. A justificativa do MEC, portanto, é inconsistente. O que determinou o formato do programa foi a imposição do método de negociação do PNLD, de homogeneização em detrimento da diversidade. Acrescente-se que, coincidentemente, o primeiro "Literatura em Minha Casa" foi feito em ritmo de urgência para ser entregue em abril de 2002. Data que, por acaso, era a data-limite para desincompatibilização dos ministros que desejassem concorrer a cargos eletivos naquele ano.

E finalmente, a escolha por comissão. Não quero, de maneira alguma, levantar qualquer tipo de suspeita sobre a comissão que selecionou as coleções. O problema dessas comissões é simplesmente que são comissões, foros restritos que acabam precisamente com o que os professores valorizam como uma de suas prerrogativas mais queridas: a liberdade de escolha. A predominância dos "critérios técnicos", que é justa quando se faz avaliação, transforma-se em manifestação autoritária quando a recomendação se institui como determinação. A escolha de "representantes" não resolve em absoluto o problema, que, na verdade, diz respeito à diversidade de situações pedagógicas e reflete também a falta de confiança na capacidade dos professores. E não vale também a argumentação da baixa capacitação dos docentes, pois esta deve partir da situação constatada na base da pirâmide docente. Fala-se muito na distância do MEC diante das secretarias e destas diante das escolas. O paradoxo é ver quem diz isso mostrar satisfação por se transformar em mediador/bloqueador da participação direta dos professores.

A disparidade entre a oferta e a quantidade de títulos escolhidos revela tão-somente uma enorme e frustrada pretensão de dar conta disso de forma centralizada.

Conclusões sobre o PNBE

O PNBE é certamente uma das iniciativas mais positivas e importantes de política educacional adotadas nos últimos anos. É um marco no esforço de fazer que a escola encare a questão da leitura não apenas pelo seu lado "funcional", e sim como um instrumento básico de formação cidadã para as nossas crianças.

Nesse sentido, é importante que todos os ligados à questão da educação, do livro e da leitura em nosso país manifestem a importância de sua continuidade.

Entretanto, o programa tem erros de formatação sérios que precisam ser corrigidos. Alguns são fruto de sua novidade e do caráter exploratório que um programa dessa magnitude tem. Outros são cópias equivocadas de métodos aplicados em outros programas de aquisição de livros.

O principal problema, sem dúvida, é o da eliminação dos professores como agentes ativos na escolha do material que convém ao projeto educacional das escolas. Essa conquista, que foi alcançada no programa do livro didático em 1985, não pode ser abandonada. Ao contrário, tem que ser aprofundada, apoiada em informação e formação dos professores, avaliação dos livros ofertados, inclusão de guias de trabalho com materiais literários etc.

É preocupante constatar que, pelo menos em sua primeira versão, o PNBE da administração petista repetiu o mesmo formato. Pode-se entender que isso tenha sido necessário no primeiro momento para não se perderem prazo e verbas já orçadas. Mas isso só se justificaria se, ao mesmo tempo, o MEC tivesse iniciado a discussão das mudanças necessárias. Esta, se por acaso estiver sendo feita, é interna. O que é lamentável, pois representa a permanência de uma visão tecnocrática – os "sábios" decidem o melhor – em detrimento da participação do conjunto dos interessados na discussão do formato do programa.

O segundo grande problema do PNBE, em sua formatação do "Literatura em Minha Casa", foi o de optar pela distribuição de coleções aos alunos da quarta série. Na verdade, o conceito de permitir que o aluno leve o livro para casa e o use com a família está perfeitamente enquadrado no conceito de uso de uma biblioteca moderna. Achar que a distribuição dos livros para que os alunos os levem para casa cria o gosto pela leitura é ilusão. Só o trabalho continuado, persistente e duradouro é que vai fazer isso. A prova da ineficácia da "doação" é simples: basta andar por bancas de sebos e encontrar as coleções do MEC, muitas vezes ainda em suas embalagens originais.

Por essas razões, a formatação mais objetiva, ampla e democrática do programa é fazer que ele retome efetivamente o seu nome: *biblioteca na escola*. Com bibliotecas escolares amplas, bem supridas de livros, não apenas os alunos da quarta série (ou da oitava e dos ciclos finais do supletivo, na versão atual) receberiam livros de presente. Todos os alunos e professores poderiam trabalhar títulos variados de forma muito mais profícua para a qualidade do ensino. Receber os livros de presente não é mais que uma solução demagógica que não contribui em nada para a *educação* do conjunto dos alunos no bom uso das bibliotecas como instrumento de pesquisa, trabalho escolar e cidadania.[7]

A qualificação efetiva do PNBE como um programa de Biblioteca Escolar rompe de fato com o imobilismo corporativista que bloqueou o conceito nos anos de 1980 e, assim, permitirá o acesso

---

7. É preciso que o bom uso da biblioteca seja também ensinado, pois não é intrínseco à natureza humana e muito menos integrante costumeiro do trabalho escolar. Essa formação é essencial também para que o jovem, quando saia da escola, use de forma correta as bibliotecas públicas.

realmente amplo e democrático ao livro pelos alunos do ensino fundamental.

Acreditamos que, com esses aperfeiçoamentos, o PNBE está destinado a ser um dos grandes marcos do desenvolvimento da educação brasileira.

Com essas observações sobre os dois grandes programas de aquisição de livros desenvolvidos pelo MEC, podemos chegar a algumas conclusões:

a) O MEC desenvolveu e aplicou uma política para o livro em sua área.
b) Apesar de polêmicas e dificuldades, mantiveram-se dois pilares básicos do PNLD: a escolha pelos professores e a diversidade da oferta.
c) O MEC conseguiu resolver a questão da entrega dos livros em tempo hábil. Entretanto, esse aspecto positivo foi possível aplicando-se um sistema altamente centralizado, com uma logística sofisticada e de custos não transparentes; abandonou-se a possibilidade de desenvolver formas alternativas de distribuição que envolvessem as livrarias.
d) O PNBE, em que pesem seus aspectos altamente positivos, promoveu uma enorme concentração na oferta. Isso não pode ser subestimado. Ao adquirir livros de um número muito restrito de editoras que têm condições de fazer os investimentos necessários para apresentar as coleções prontas para análise da comissão do MEC – ainda que exista a possibilidade de se constituírem consórcios –, está se induzindo uma aceleração no processo de concentração das editoras.

e) Finalmente, abandonou o princípio da escolha pelos professores. Nesse sentido, revelou-se um programa de corte tecnocrático e em desacordo com princípios defendidos pelo próprio MEC em seus Parâmetros Curriculares Nacionais.

Cabe ainda assinalar que a existência de uma política explicitada permitiu que editores, autores e professores pudessem manifestar-se com clareza acerca dos objetivos e dos métodos aplicados no desenvolvimento dessa política. Nem sempre se concordou com as ações do MEC, e o diálogo nem sempre foi frutífero, mas existiu, e foi balizado pela existência e aplicação dessa política. Isso, por si só, foi um avanço considerável, e que contrasta de forma flagrante com a ausência de uma política cultural mais abrangente no âmbito do governo federal – o que talvez seja também uma das razões das falhas de concepção e execução que foram assinaladas.

O Ministério da Cultura

É, sem dúvida, o primo pobre. Pobre e incompetente, diga-se de passagem. Revelou, nestes anos, uma enorme incapacidade de formulação e de diálogo com os setores interessados.

O paradoxal é que até começou bem, com a convocação da Câmara Setorial do Livro e da Comunicação Gráfica pelo ministro Weffort. Os meses de trabalho, que resultaram na produção de vários documentos, entretanto, foram totalmente desperdiçados. O MinC não teve vontade política e condições de dialogar com o MEC e com a área econômica e foi incapaz de desenvolver uma política integrada e coerente para sua atuação.

Melhor dizendo, terminou optando por ter como política a não-política de fortalecer os mecanismos do incentivo fiscal da Lei Rouanet. E, de fato, verificaram-se nesses anos um aumento da renúncia fiscal e da utilização da renúncia fiscal. As implicações disso já foram assinaladas anteriormente.

Para não dizer que não se falou de flores, isto é, de livros, o MinC desenvolveu o projeto "Uma Biblioteca em cada Município", embora somente a partir do segundo mandato presidencial de FHC.

É mister reconhecer que foi a primeira iniciativa do gênero em muitos anos – aliás, desde o governo Sarney, quando o antigo INL[8] ainda aproveitou os recursos da "Lei Sarney" para enviar acervos para as bibliotecas públicas, embora com muitas limitações.

A formulação inicial do programa "Uma Biblioteca em cada Município" era a da constituição de convênios com as prefeituras que se dispusessem a propor e promulgar uma lei criando a biblioteca pública, ceder o espaço, funcionários para administração e linha telefônica. A contrapartida do MinC consistia em computador com programas e acesso à Internet e aos recursos para compra de um acervo de aproximadamente dois mil títulos.

No segundo ano, uma mudança crucial: em vez de repassar os recursos para a compra dos livros, a Secretaria do Livro e da Leitura (SLL), do MinC, contratou um grupo da Universidade de Brasília para organizar uma seleção de títulos a serem adquiridos diretamente pelo ministério e enviados às bibliotecas. Acrescentou-se também um pro-

---

8. Ver o capítulo "O fomento ao livro nas estruturas governamentais", pp. 173-86.

jeto de formação de técnicos em biblioteconomia por meio de fitas de vídeo e material suplementar.

A alegação da Secretaria do Livro e da Literatura era que os prefeitos "tinham comprado muito mal os livros", muitas vezes nas mãos de atravessadores, e não das livrarias ou das editoras. Em suma, com base em um suposto esquema de corrupção detectado em alguns casos – que não foram, ao que se saiba, devidamente comprovados, e muito menos punidos –, optou-se por centralizar as compras.

Cabem aqui algumas observações. Certamente o despreparo dos prefeitos e das pessoas por eles nomeadas como encarregados das bibliotecas é um fato; a solução mais fácil para o "déspota esclarecido" é tirar do "ignorante e despreparado" o direito de decidir o que lhe interessa e impor as decisões "esclarecidas". Passa longe a constatação de que o que alguém considera "compra ruim" pode ser o exigido pelas necessidades daquela comunidade; mais longe ainda fica a disposição de adotar uma política didática de proporcionar informações, listas de livros avaliados e recomendados para públicos específicos. Enfim, suporte para que os "ignorantes" aprendam e superem suas deficiências. Nenhum programa de bibliotecas pode prescindir do fornecimento de informação sobre os catálogos disponíveis, qualidade dos livros etc.

No caso do MinC, não se viu nenhum esforço de avaliação como o feito pelo MEC. Decidiu-se logo pela solução de centralizar as compras, recorrendo-se mais uma vez ao velho estilo de comissionar os doutos para resolver o que a plebe deve ler.

A última "seleção" do MinC na gestão Weffort foi ainda pior. A SLL não respeitou nem mesmo o trabalho da comissão que tinha nomeado. O secretário De Fiore decidiu, por conta própria, modificar a lista com base nas indicações de uma instituição privada chamada Instituto Brasil Leitor e acrescentou ainda alguns títulos "com base em sua experiência de pai e professor". Obviamente, os protestos foram imediatos. O ministro da Cultura determinou a revisão desse procedimento e elaborou-se uma terceira lista, com base nas duas anteriores, na busca de satisfazer gregos e troianos. Como Páris constatou lá na Grécia clássica, isso geralmente acaba em guerra!

A desorganização do MinC não parou aí. Como todo o processo atrasou consideravelmente, dois fenômenos desagradáveis aconteceram: primeiro, uma série de editoras ficou pendente dos "restos a pagar" orçamentários para o ano 2002, e houve acusações de que a ordem de pagamento não obedeceu à ordem de entrega dos livros ou do valor das compras (qualquer que seja) e interferências diretas para que algumas editoras recebessem na frente de outras, com base em ligações pessoais com altos escalões do governo federal. O assunto rendeu até o final de maio de 2002, gerando prejuízos para editores, que tiveram duplicatas protestadas por gráficas e fornecedores.

Isso, entretanto, não foi o pior. Algumas editoras receberam "autorização verbal" para imprimir os livros, devendo aguardar a ordem de entrega... que nunca veio. Empresas pequenas, desacostumadas a fornecer ao poder público, desconheciam a absoluta ilegalidade de uma "ordem" desse tipo, sem respaldo em empenhos. Estes só podem ser feitos até o dia 31 de dezembro de cada ano. Dessa forma, várias editoras ficaram com os livros em estoque (e com as capas impressas com o selo do MinC), sem ter onde entregar e muito menos como receber.

Para além das trapalhadas burocráticas que contrastam de forma notável com a eficiência do MEC, podem-se observar as seguintes deficiências no programa e na ação do MinC:

- O MinC não tem, até hoje, um cadastro confiável de bibliotecas públicas. Em outubro de 2002, o ministro da Cultura publicou uma portaria inócua determinando a criação desse cadastro. Inócua porque não alocava recursos e meios para que se fizesse o cadastro; dependia da iniciativa das próprias bibliotecas se cadastrarem.
- Como conseqüência (ou causa), o MinC não agiu no programa de forma planejada. Fazia o convênio com quem o procurava, sem levar em consideração o tamanho do município ou qualquer outro critério. Sabe-se (de ouvir, porque o relatório, se houve, nunca foi divulgado) que a Comunidade Solidária tomou algumas iniciativas com prefeitos de municípios mais pobres para ajudá-los a solicitar as bibliotecas.
- Não há nenhum acompanhamento sistemático da execução efetiva dos convênios e do funcionamento dessas bibliotecas. O MinC simplesmente não tem estrutura para isso nem sabe como fazê-lo.
- O programa de formação com vídeos também é voluntário e aleatório, sem que haja acompanhamento real dos seus resultados.

Dessa forma, além da insuficiência de recursos, decorrente dos problemas citados anteriormente, o programa sofreu sérios percalços operacionais, tendo sido conduzido de forma amadora pela SLL.

Seus maiores problemas, porém, decorrem ainda do seu caráter falsamente tecnocrático, pois não tem condições de ser tecnicamente eficiente, do menosprezo para com a capacidade de aprendizagem dos responsáveis pelos municípios e da falta de planejamento e definição de prioridades e metas.

Enfim, pode-se dizer que o programa "Uma Biblioteca em cada Município" sofreu com a desastrosa aplicação randômica de algumas iniciativas ineficientes, que o fez diluir-se no mar das carências nacionais na área.

Com a mudança de governo, naturalmente se acenderam algumas esperanças na área. Infelizmente, o "espetáculo do crescimento" também não chegou para as bibliotecas públicas em 2003. Veremos isso adiante.

Conclusões gerais

Em resumo, podemos assinalar os seguintes pontos sobre as políticas relacionadas com a aquisição de livros pelo governo federal durante os dois mandatos de FHC:

- Descoordenação das ações entre o MEC e o MinC.
- Alta capacidade operacional do MEC contrastando com a grande ineficiência do MinC.
- Nos dois ministérios, opção pelas soluções de definição de acervos por mecanismos tecnocráticos que subestimam – e não estimulam – a capacidade de aprendizagem dos executores das ações no âmbito municipal, com menor intensidade no caso do MEC, até porque a decisão de deixar as escolhas dos livros didáticos aos professores já tem dezessete anos e não pode ser facilmente abandonada; note-se, entretanto,

que o MEC não vacilou em adotar uma política centralizadora quando surgiu a oportunidade.
- Política definida e objetivos e metas traçados no MEC contrastando com a ação aleatória do MinC.

Resta-nos aguardar para verificar se essa situação permanece ou, finalmente, muda.

O fomento ao livro nas estruturas governamentais

No processo de definição de políticas públicas, é preciso considerar os instrumentos necessários para sua execução, os quais são elementos inerentes ao desenho da política. Por isso mesmo, a análise dos organismos públicos que se ocuparam da questão do livro no Brasil permite, ao mesmo tempo, que se observe o que foi feito e que se façam propostas para o futuro.

Durante o período imperial e o da Primeira República, a única preocupação governamental com o livro era de controle, que se manifestou na censura.

Fora isso, diretamente vinculada ao livro só existia a Biblioteca Nacional, herança da vinda de D. João VI e da corte portuguesa ao Brasil. Desde meados do século XIX a BN tinha legalmente o direito de receber o depósito de todas as publicações feitas no Brasil. Era, em tese, a depositária da bibliografia nacional.

Em 1937, e praticamente coincidindo com a implantação do Estado Novo, Getúlio Vargas criou o Instituto Nacional do Livro (INL). Chamou para dirigi-lo o poeta gaúcho Augusto Meyer e deu-lhe como principal tarefa a elaboração de uma "enciclopédia brasileira" e um dicionário – uma vez mais, segundo Hallewell,[1] inspirado em modelo

---

1. Hallewell, *op. cit.*, p. 313.

fascista, a enciclopédia *Treccani*, que já estava sendo imitada no Portugal salazarista. Além dessa enciclopédia – que jamais foi completada por falta de recursos –, o novo instituto tinha como tarefas a "publicação de obras raras e importantes", o desenvolvimento de bibliotecas públicas e a censura de livros. Dois anos depois de sua criação, quando Vargas viu que Augusto Meyer não tinha feito nada para implementar essa última "missão", passou a censura para o Departamento de Imprensa e Propaganda (DIP).

Augusto Meyer permaneceu à frente do INL até 1954, voltou em 1961 e lá ficou até 1967. Durante todo esse período – além de não fazer a enciclopédia – publicou várias co-edições e editou diversos números da *Revista do Brasil*. As co-edições representaram, de fato, uma das poucas contribuições para as bibliotecas existentes, todas – com exceção da Biblioteca Nacional e da Biblioteca Municipal de São Paulo – de responsabilidade dos Estados,[2] e foram, talvez, a única constante na história do INL, até seu desaparecimento no desmonte feito por Fernando Collor.

Entre 1959 e 1971 existiu o Grupo Executivo da Indústria do Livro (Geil), que, seguindo o modelo de desenvolvimento industrial criado por Juscelino Kubitschek, teve papel na solução de pendências tributárias e de câmbio que envolviam a produção e importação de papel e do livro estrangeiro. Em 1971 foi absorvido pelo INL.

---

2. As bibliotecas públicas estaduais são bem antigas. Seguiam o modelo clássico das bibliotecas "canônicas", com coleções de obras célebres, o que era adequado como demonstração da "ilustração" do patriciado local. A exceção era São Paulo, onde a biblioteca "municipal" foi fundada por Mário de Andrade quando este exerceu a chefia do Departamento de Cultura. Não conheço nenhum trabalho sistemático de história do sistema de bibliotecas no Brasil.

A política de co-edições, implementada por esse instituto, era a forma encontrada para enviar acervos para as bibliotecas públicas. As edições de ensaios de filologia e obras completas de autores clássicos – brasileiros ou estrangeiros, pois consta que alguém teve a brilhante idéia de publicar a obra completa de Goethe –, por sua importância, devem ter engordado as traças de muitas bibliotecas empoeiradas pelo Brasil afora. Em resumo, a contribuição do INL para a formação de acervos se constituía basicamente de publicações oficiais e co-editadas. A decisão de publicar "obras raras e importantes", com seu caráter subjetivo, abria espaço aos favores para editoras e autores conseguirem alguma verba governamental para publicar seus livros.

O INL era formalmente responsável pelo sistema nacional de bibliotecas públicas. Mantinha um cadastro e, ocasionalmente, transferia recursos de emendas orçamentárias para a formação de bibliotecas municipais.

Durante algum tempo, na década de 1960, o instituto também foi o órgão encarregado de comprar os livros para o programa do livro didático que se iniciava. Pouco durou essa atribuição, logo transferida para outro órgão do MEC. Em 1976, o decreto do general-presidente Geisel definia que o INL, embora vinculado ao ministério, só deveria cuidar dos livros "culturais". Os relacionados com a educação ficavam com outras áreas do MEC ligadas à educação e não à cultura.

Iniciava-se aí uma separação institucional que só se aprofundaria mais adiante, entre órgãos "educacionais" e órgãos "culturais". Na época, isso respondia à lógica do fortalecimento da Secretaria de Cultura do MEC, chefiada por Aloísio Magalhães. Ainda assim, as duas áreas ficavam dentro da mesma estrutura ministerial, uma das mais importantes da estrutura do governo federal.

Quando Tancredo Neves foi eleito pelo colégio eleitoral presidente da República, essa separação foi consumada. Para abrigar seu amigo José Aparecido de Oliveira no ministério, Tancredo resolveu criar o Ministério da Cultura, o qual herdava o INL e algumas das outras instituições autárquicas da área da cultura criadas, ou inspiradas em sua criação, por Aloísio Magalhães, além da própria Biblioteca Nacional: Funarte, FCB, Embrafilme, Inacen etc. Sarney, ao herdar a presidência com a morte de Tancredo, manteve essa decisão.

Dessa forma, o MEC ficou com o "sério", o que significava resolver e cuidar de questões importantes da educação, inclusive o livro didático, enquanto o MinC ficou com o "simbólico" até hoje, com este se confundindo.

Ainda assim, vale um registro importante quanto ao INL. Na etapa final do governo Sarney, o presidente do instituto, o embaixador Wladimir Murtinho, tomou duas iniciativas. A primeira foi conseguir recursos especificamente para compra de acervos. E usou-os de forma muito criativa: enviou para as bibliotecas estaduais e municipais credenciadas um valor em "cheque-livro", que podia ser usado livremente na compra de acervo e resgatado, por editoras e livrarias, no INL. A segunda foi usar os incentivos fiscais da chamada Lei Sarney também de forma a favorecer as bibliotecas. As editoras cadastravam títulos de seu catálogo, que, avaliados pelo instituto, passavam a ser "candidatos" de doações a serem feitas com incentivos fiscais. Os livros recebidos pelo INL dessa forma eram separados e enviados para as bibliotecas.

Não era um sistema perfeito, mas representava um considerável avanço sobre o que se fizera até então no que diz respeito a acervos para bibliotecas públicas. Pela primeira vez, o órgão simplesmente fazia avaliação da oferta, deixando aos operadores locais o direito de escolha das aquisições, no caso do cheque-livro, e, no segundo caso, abria consideravelmente o leque da oferta de livros para bibliotecas.

Com a posse de Fernando Collor, o INL foi extinto e no limbo ficou até um renascimento torto, com o apelido de Departamento Nacional do Livro (DNL), como uma diretoria da Biblioteca Nacional, que, felizmente, não foi extinta nem privatizada.

O INL reencarnado no Departamento Nacional do Livro da BN, entretanto, viu sua importância institucional drasticamente reduzida. De autarquia diretamente vinculada ao ministro, com sede em Brasília, viu-se reduzido a diretoria de uma afiliada ao ministério, com sede no Rio de Janeiro.

Pode parecer pouco, mas a burocracia administrativa brasileira reconhece claramente as posições no jogo do poder. Este depende, evidentemente, de vários fatores, dos quais o volume de recursos é um dos mais importantes. Mas, para efeito de articulações interburocráticas, a hierarquia tem também seu peso: secretário de ministério trata com outro secretário. Com o diretor de uma afiliada – que além do mais está longe do centro do poder –, a relação se torna condescendente e pouco operativa, ainda mais no caso específico, quando se tem, de um lado, o MEC, com seu imenso orçamento e importância política, e, do outro, o MinC, com sua fragilidade orçamentária e sua desimportância no jogo do poder.

Essa situação troncha permaneceu até o final do governo Itamar Franco.

No governo Fernando Henrique, com a ida de Weffort para o Ministério da Cultura, teve-se, no primeiro momento, a impressão de que se faria um esforço de integração da política deste com a dos demais ministérios. Como já se viu no capítulo "Os programas federais de aquisição de livros", isso não aconteceu.

A primeira reorganização interna do MinC promovida por Weffort parecia, pelo menos, restabelecer para o livro uma posição no núcleo de direção do ministério, com a criação da Secretaria do Livro e da Leitura (SLL).

Ledo engano!

As atribuições da SLL e da Biblioteca Nacional (e de seu DNL) se misturavam, e o que deveria ser o órgão central de uma política para o livro, a secretaria, se limitou ao programa "Uma Biblioteca em cada Município", que funcionou, como já vimos, e à administração dos projetos da lei de incentivos fiscais. O DNL ficou cuidando de feiras internacionais, dos prêmios que existem por conta de compromissos fora do Brasil, como o Prêmio Camões, do ISBN – que não funciona direito – e dos espasmódicos programas de apoio à tradução do livro brasileiro no exterior.[3]

O grave, entretanto, era a própria ausência de uma política coerente e aplicada com determinação, como já se viu, o que resultou, administrativamente falando, na posição ainda mais troncha do livro.

No início da atual administração, foi anunciada pelo novo ministro, Gilberto Gil, a recriação do INL, que passaria a ser Instituto

---

3. Quanto ao ISBN (International Standard Book Number), o DNL confunde até hoje esse instrumento de controle e identificação comercial com um registro bibliográfico – o que esse código de numeração e identificação dos livros nunca se propôs a ser nem tem condições de ser. E, no DNL da Biblioteca Nacional, o ISBN não serve nem para se consultar *on-line* quais os títulos registrados, pois seus programas não funcionam direito até hoje. E muito menos serve como base para montar os cadastros das livrarias ou um *Books in print* brasileiro. O caráter espasmódico do programa de apoio à tradução – importante para a difusão de autores brasileiros no exterior – se deve às irregularidades das dotações orçamentárias. O programa começou a funcionar razoavelmente, com bolsas destinadas a projetos editoriais de editoras estrangeiras com contratos assinados com os autores brasileiros. Durante um tempo modificou-se isso e aceitou-se dar a bolsa de tradução para o tradutor, sem que houvesse a garantia da edição. Isso desandou e voltou-se ao sistema anterior: quando o orçamento é liberado, o programa funciona; quando não, pára.

Nacional do Livro e da Leitura (INLL). Entretanto, a idéia só prosperou enquanto viveu o poeta designado para ocupar o cargo, Wally Salomão. Com a sua morte, a idéia também foi enterrada e a reforma administrativa do MinC deixou para a Biblioteca Nacional a responsabilidade pela execução da política do livro.

Independentemente do fato de até o final de 2003 essa política não ter sido nem mesmo esboçada, a experiência faz temer que essa solução não funcione, por várias razões.

Em primeiro lugar, a Biblioteca Nacional, como instituição, tem tarefas imensas que, até hoje, não consegue desempenhar a contento. A bibliografia brasileira – registro das obras publicadas e depositadas – está atrasada em vários anos. O imenso potencial de pesquisa bibliográfica usando o acervo da instituição mal foi arranhado, e até hoje pedaços da coleção não estão totalmente catalogados.[4]

Entretanto, para a execução de uma política para o livro, a BN está desequipada e não tem estrutura institucional para isso. E dificilmente poderá vir a tê-la, porque não é função facilmente atribuível a uma Biblioteca Nacional. Suas funções específicas já são demasiadamente amplas como depositária legal da bibliografia brasileira e centro de pesquisa bibliográfica.

A BN não tem condições satisfatórias para conduzir uma política nacional para o livro porque, em primeiro lugar, esta continua mantendo a divisão esquizofrênica entre educação e cultura, entre livro para as escolas e livro... para quê?... nas bibliotecas. Em segundo lugar,

---

[4]. O desafio de realizar essas tarefas específicas da BN está sendo enfrentado pela atual administração, pelo menos no que diz respeito ao uso do seu acervo como fonte de pesquisa e à divulgação de material, com a edição de uma bela revista.

porque a posição da BN, e do DNL, na administração pública continua sendo assimétrica. Ela não tem posição institucional no organograma do governo para exercer funções do âmbito de uma política nacional do livro. E finalmente, por uma razão prática: é altamente improvável que um governador ou um prefeito que vá até Brasília para resolver várias questões do seu Estado ou seu município tenha condições de ir até o Rio de Janeiro para tratar exclusivamente de questões que dizem respeito ao livro e à leitura.[5] Esses são condicionantes ineludíveis da realidade da burocracia nacional.

A organização administrativa finalmente adotada no MinC deixou no núcleo central do ministério algumas secretarias "pensantes" e a administração do programa de incentivos fiscais e passou a parte operacional para entidades específicas. No caso do livro, para a BN, extinguindo-se a Secretaria do Livro e da Leitura e esquecendo-se de vez da criação do novo INLL.

Essa reforma significa, de fato, um retrocesso. A Secretaria do Livro e da Leitura do MinC (ou o Instituto Nacional do Livro e da Leitura), convenientemente estruturada, estava na posição correta para ser o órgão operador de uma política nacional para o livro. Sua extinção fez reverter à estrutura institucional do tempo do governo Collor.

Enquanto isso, o MEC continua firme e forte na aplicação de sua própria política em relação ao livro, como já se viu no capítulo sobre os programas governamentais em execução. A articulação com

---

5. Aliás, o organismo de promoção da leitura, o Proler, dispõe tão-somente de uma pequena estrutura no Rio de Janeiro. O trabalho nos Estados depende de voluntários – o que é muito bom e importante, mas dramaticamente aquém das necessidades. A articulação entre o Proler e os programas de alfabetização e leitura do MEC pode ser qualificada, com muita boa vontade, como instável. É o reflexo da assimetria institucional.

o MinC é simplesmente a da condescendência: o MEC cede acervos de livros que adquire para os programas eventualmente desenvolvidos pelo MinC.

Ora, o livro e a leitura têm interfaces que ultrapassam em muito o âmbito dos dois ministérios que atualmente se ocupam – pelo menos nominalmente – do assunto, o da Educação e o da Cultura. O livro tem interconexões com a política de desenvolvimento industrial (diretamente por força da própria produção editorial e indiretamente por força da vinculação com a indústria do papel e celulose e indústria gráfica); com a política de trabalho e emprego (novamente, não apenas por suas especificidades, como também por conta do papel essencial que o livro desempenha numa política de reciclagem da mão-de-obra, reformulação da vocação econômica de regiões e a conseqüente adaptação da mão-de-obra); com a política de desenvolvimento científico e tecnológico; e com políticas setoriais específicas: saúde, combate à pobreza, meio ambiente etc. Em todas essas áreas o livro e a leitura têm o papel de indutores de políticas e comportamentos que não devem ser vistos de forma isolada.

É imprescindível a existência de um organismo federal que tenha condições de dialogar e coordenar ações multissetoriais. Esse órgão pode até estar na estrutura do MinC, mas deve, para funcionar a contento, ter uma interface forte com o setor de coordenação das políticas governamentais, que é a Casa Civil.

Algumas razões:

- O Brasil tem quase seis mil municípios, e o organismo do Estado que administrar a estrutura de bibliotecas públicas tem que lidar diretamente com os Estados e suas secretarias de Educação ou Cultura e com esses entes federativos: prefeitos, câmaras de vereadores. Pensar que se pode fazer isso por meio da diretoria de uma instituição afiliada ao MinC, como é o caso da Fundação Biblioteca Nacional, é não compreender a estrutura de funcionamento do país. Não é prático deixar um funcionário de quarto escalão coordenando isso, o qual – mesmo que seja extremamente bem qualificado – não tem canais facilitados para articular com secretários de ministérios, secretários da Educação e Cultura de Estados e municípios, e também não consegue ser eficaz em seu relacionamento com o Congresso, o que é fundamental para a discussão de orçamento. Isso só é possível por meio do núcleo da articulação política e funcional, que está no ministério. O órgão central de administração do livro e da leitura do MinC tem condições para articular as relações com os demais ministérios (particularmente o da Educação, mas certamente também com os outros), a fim de que a questão do livro e da leitura passe a se integrar efetivamente no conjunto das ações governamentais, inclusive o conjunto das políticas sociais.

- O livro, além de seu conteúdo, é o resultado final de um processo industrial complexo. A indústria editorial brasileira é a oitava do mundo em exemplares produzidos. Ainda assim, o número de livros *per capita* é muito baixo. Uma das questões básicas da ação governamental é a da articulação das atividades dos ministérios da Educação e da Cultura com o da Indústria e Comércio e Desenvolvimento, para a criação de uma política industrial específica para o desenvolvimento do livro no Brasil, a descentralização da produção e a evolução da rede de livrarias. A indústria editorial brasileira também está ligada à indústria de produção de papel e celulose, assim como à indústria gráfica, as quais têm enorme interesse em seu desenvolvimento.

- Os dados da pesquisa *Retrato da leitura no Brasil*, feita pela indústria editorial no ano de 2000, mostram uma relação muito estreita entre o grau de instrução e o hábito de leitura e revelam também que o grande entrave para a melhoria dos índices de leitura é o da *falta de acesso*. Esta se expressa de várias formas, inclusive a percepção de que os livros são caros e também a declaração de que as pessoas *não têm dinheiro para comprar livros*. Ora, nas bibliotecas públicas o acesso é grátis.
- Imagine-se o escândalo que seria se esses dados aparecessem diretamente na área da saúde e da educação! Entretanto, o acesso ao livro – e quero enfatizar aqui que não se trata somente de literatura, mas de todos os tipos de livro – é essencial para a melhoria de todos os índices sociais: quem lê adoece menos, pois é mais informado sobre práticas de saúde; tem melhores condições de trabalho, pois pode se atualizar e participar efetivamente de práticas de educação continuada; é melhor cidadão, pois consegue articular melhor seus direitos e deveres.

A complexidade dessa situação exige não apenas uma ação integrada dos diferentes órgãos estatais, como também um esforço de mobilização da sociedade para a solução do problema. A mobilização que se faz em torno do programa Fome Zero pode e deve ser replicada para incluir esse aspecto da cidadania tão essencial que é o acesso à informação e ao lazer por meio dos livros.

Recursos e meios

Os recursos, como se sabe, são sempre escassos. E o administrador público da área da cultura tem, realmente, que lutar para melhorar o orçamento do MinC, o qual não reflete a importância que a cultura *precisa* ter na administração pública. Não como perfumaria, como o terreno pantanoso do simbólico, mas como área de articulação de políticas públicas relacionadas com a cidadania.

Mas, enquanto os recursos orçamentários não chegam, é preciso usar a imaginação e a agilidade para obter resultados.

É impossível, em curto prazo, conseguir recursos orçamentários para construir e equipar bibliotecas públicas (ou centros culturais multimeios que incluam bibliotecas) em número suficiente para chegar ao padrão mínimo preconizado pelos estudiosos. Mas é possível organizar melhor os recursos disponíveis para mobilizar a sociedade brasileira na execução de um grande programa nessa área.

Uma parcela substancial do orçamento "teórico" do Ministério da Cultura é a renúncia fiscal, a qual deveria abastecer os projetos culturais aprovados pelas leis de incentivos culturais. Até hoje, em toda a sua história, o limite de concessão não foi alcançado: não se inscreveram projetos em número suficiente e a possibilidade de captar recursos da renúncia fiscal nunca chegou até o seu limite. E o pior: do que foi concedido, apenas uma parcela muito reduzida é efetivamente captada e utilizada.

Essa situação tem efeitos curiosos: como a renúncia fiscal não prevê impactos nos desembolsos do Tesouro, a Fazenda e o Planejamento têm sido relativamente generosos na alocação desses recursos no orçamento fiscal. Afinal, nem é preciso contingenciá-los, já que não são captados. Assim, durante o governo anterior, foi progressivamente aumentado o teto da renúncia fiscal, sem que nunca este fosse alcançado. Razões para isso são várias, de dificuldades burocráticas até desinteresse ou desconhecimento da possibilidade de usar os incentivos fiscais. Em contrapartida, as empresas estatais sofrem intensa pressão na disputa de seus recursos, principalmente pelos cineastas. Como as estatais usam efetivamente todos os recursos possíveis para repassar parte de seu imposto de renda para projetos, a percepção da escassez de recursos aumenta: nunca há dinheiro para todos os filmes...

O Ministério da Cultura, até hoje, não estabeleceu uma política proativa de desenvolvimento de projetos que pudessem usar os incentivos fiscais. Limita-se a usar os recursos do Fundo Nacional de Cultura, que é a fonte dos poucos projetos realmente empreendidos pelo ministério.

Entretanto, nada impede que uma política proativa e setorial seja implementada. Dou aqui somente um exemplo: os recursos que podem ser aplicados por meio da renúncia fiscal por todos os integrantes da cadeia produtiva do livro. Um projeto bem fundamentado de desenvolvimento de bibliotecas públicas poderia contar com o apoio desse setor. Como se trata de um projeto integrado, com planejamento para vários anos, o retorno de *marketing* e institucional para essas indústrias pode ser também planejado e dimensionado. O apelo decorrente do conteúdo social de um projeto desse porte conta a favor para que se mobilizem empresas. Mas é preciso que haja disposição para procurar essas fontes alternativas.

Não podemos esquecer também que as bibliotecas estarão nos municípios, onde funcionam desde a padaria até grandes indústrias. Projetos que impliquem diretamente ações a favor da comunidade local podem ser "vendidos" por meio dos incentivos fiscais. Afinal, se o prefeito se interessa, consegue que as empresas ao redor da praça doem os bancos da urbanização colocando neles os nomes dos doadores. Se os prefeitos são conquistados para isso, e se são oferecidos os meios para viabilizar essa ação, o padeiro, o dono da loja de confecções, os profissionais liberais podem ser incentivados a contribuir para a manutenção e desenvolvimento da biblioteca local.

Isso pode ser feito. Não depende apenas da famosa "vontade política"; depende da capacidade de organizar, administrar e mobilizar o esforço da cidadania em torno dos interesses decorrentes de uma "biblioteca cidadã" e dos benefícios que esta pode trazer para a vida daquela comunidade.

A elaboração de uma política integrada para o livro, com a institucionalização adequada dos meios para implementá-la, é essencial para que ele deixe de ser simplesmente objeto de discursos e integre, de forma efetiva, políticas públicas eficazes.

PARTE III
GLOBALIZAÇÃO E CULTURA

Diversidade cultural e globalização da indústria editorial

A divulgação da literatura infantil brasileira no exterior

Diversidade cultural e globalização da indústria editorial[1]

A indústria editorial vem passando por um intenso processo de globalização nos últimos anos, de forma nem sempre muito perceptível para o público mais atento ao que acontece no panorama econômico geral.

O livro foi o primeiro objeto cultural globalizado. A invenção de Gutenberg foi fundamental para romper a estreiteza do mundo medieval, possibilitando que o conhecimento viajasse mais amplamente, com velocidade infinitamente superior à possível com as cópias manuais ou com a presença física do autor.

Essa possibilidade de viajar, de "globalizar-se", é, de fato, um dos motivos de orgulho para a indústria editorial, que sempre teve no princípio da liberdade de publicação e de circulação dos livros um de seus principais fundamentos.

O atual processo de globalização reflete, em uma de suas facetas, a continuidade desse processo secular. Temos cada vez mais autores internacionais, que se fazem presentes nos selos editoriais de muitos países. A maioria deles, hoje, é de americanos, mas isso está longe de ser exclusivo.

---

1. O presente capítulo resulta de participação em reuniões internacionais convocadas pela Coalizão pela Diversidade Cultural, organização não-governamental, e em reuniões da OEA sobre o tema, às quais o autor foi convidado em decorrência de sua atuação profissional na CBL, nos anos de 2002 e 2003, no Canadá, na Colômbia, na França e na Argentina.

Na área da literatura temos vários autores latino-americanos "globalizados": García Márquez, Vargas Llosa, Isabel Allende, Paulo Coelho, para citar alguns de maior evidência contemporânea. E não podemos nos esquecer da imensa variedade de autores alemães, franceses, espanhóis que circulam internacionalmente em todas as áreas do conhecimento. O mundo se poliniza no conhecimento com as contribuições provenientes de todos os rincões do planeta.

Outro aspecto da globalização é o que acontece também por meio do surgimento e fortalecimento de grandes conglomerados editoriais. Mais que "conglomerados editoriais", podemos hoje falar de conglomerados da indústria da informação, ou da difusão de conteúdo, cujas três grandes tendências detectadas são: a) absorção de editoras por grandes grupos de comunicação – Viacom, Time-Warner-AOL, Vivendi Universal, Bertelsmann, News Corporation (Murdoch); b) compra de editoras para exploração de mercados lingüísticos ou geográficos específicos, como é o caso da expansão de editoras espanholas na América Latina – grupos Santillana e Planeta – e de algumas editoras alemãs nos Estados Unidos, Bertelsmann, Holtzbrink e Penguin; c) concentração em segmentos específicos, principalmente na área técnico-científica, cujo exemplo mais significativo é o da holandesa Elsevier.

Trata-se, entretanto, de uma situação fluida. O grupo francês Vivendi se arruinou em sua tentativa de tornar-se efetivamente internacional por meio da fusão com a Universal; a Bertelsmann está se desfazendo de posições, assim como a Time-Warner-AOL.

Quais os problemas decorrentes disso?

Vários autores já chamaram a atenção para o fato de que a concentração da indústria editorial tende a diminuir a diversidade da oferta e aumentar a ênfase na publicação de autores conhecidos, com a correspondente tendência de diminuir o espaço para novos autores.

O grande problema da cultura de *best-sellers* é precisamente este: as editoras precisam de livros de grande sucesso e venda rápida. As cadeias de livrarias, pressionadas também por custos, acentuam essa pressão, e o resultado final é a diminuição do espaço nos catálogos editoriais e nas prateleiras das livrarias para autores novos.

Vemos, então, a conjunção de interesses danosos para o público leitor entre as editoras de *best-sellers* e as cadeias de livrarias, ambas na busca do giro rápido trazido pelo livro de fácil consumo escrito pelos autores bem conhecidos.

Essa tendência de mercado reforça o processo de concentração e globalização, pois somente as editoras maiores – e, no caso, conglomerados globalizados – dispõem dos recursos necessários para disputar o mercado de direitos autorais dos autores conhecidos.

Esse círculo vicioso prejudica pequenas e médias editoras com programas editoriais criativos que não repousam nos "grandes nomes" – entendidos estes como sinônimo de grandes vendedores – e que abrem espaço para importantes autores nacionais e estrangeiros de relevância cultural específica. Felizmente, como assinala Gabriel Zaid, o investimento para ingresso no mercado editorial é relativamente pequeno, o que permite uma constante renovação da oferta por editoras que aplicam o lucro conseguido com alguns autores na manutenção de catálogos mais diversificados.[2]

Essa dinâmica de mercado só pode ser neutralizada com políticas públicas de longo alcance. De um lado, políticas vinculadas ao

---

2. Gabriel Zaid, *op. cit.*

conceito do direito à informação que os cidadãos devem poder exercer – no caso, o desenvolvimento do sistema de bibliotecas públicas que, sem deixar de ter espaço para todo tipo de livro, privilegia de forma transparente a disponibilização ao público, por meio da compra de acervos, de livros relevantes.

De outro, uma ação consistente do Ministério da Cultura na concessão de bolsas de trabalho para autores nacionais – não apenas os de ficção, mas também os de ensaio – para que haja uma oferta cada vez maior desses títulos.

Outra vertente é a do estabelecimento de uma política industrial para o fortalecimento do mercado editorial nacional.

Vale lembrar, entretanto, que a situação de fragilidade das editoras dos países latino-americanos se deve, em grande medida, ao caráter de empresas familiares, com baixo nível de capitalização, práticas gerenciais ultrapassadas e pouca capacitação técnica para enfrentar os desafios de um mercado dinâmico e muito disputado. Quando uma empresa estrangeira chega, com dólares ou euros, compra barato o que, muitas vezes, lhe custaria muito para construir. No caso brasileiro, isso é evidente no setor de livros didáticos. Diante das peculiaridades desse segmento no Brasil, com a grande quantidade de compras governamentais e a enorme extensão territorial para fazer a divulgação dos livros para os professores, seria quase impossível uma editora estrangeira começar do zero. Assim, é mais fácil comprar uma editora já estabelecida.

Uma forma de fortalecer a indústria editorial brasileira, no meu entender, é pelo estabelecimento de mecanismos de capitalização, com meios de indução ao investimento de capitais nas editoras que apresentassem planos de negócios viáveis, estabelecessem métodos gerenciais modernos e transparentes de administração. Romper o ciclo de baixa capitalização, gerenciamento defasado e pouca capacitação técnica nas empresas editoriais nacionais é uma questão absolutamente central para se contrapor eficazmente à globalização e conglomeralização do mercado editorial.

Esse último desafio, em suas várias facetas, passa, portanto, por políticas governamentais em diferentes âmbitos e níveis. Mas passa também pela necessidade de revisão de muitas práticas correntes no próprio mercado editorial.

Infelizmente, entretanto, não temos hoje políticas públicas em nenhum desses três níveis no Brasil; por isso, continuamos simplesmente ao sabor da dinâmica de mercado.

Diversidade cultural e comércio internacional

A diversidade cultural é um tema subjacente nas discussões da Organização Mundial do Comércio (OMC) e o será também nas negociações da Área de Livre Comércio das Américas (Alca).

Para quem acompanha de longe a questão, pode parecer estranho que a "cultura" possa aparecer com destaque nas negociações comerciais multilaterais. Isso deixa de acontecer quando se verifica que a indústria baseada na produção de conteúdos sujeitos a *copyright* ou direitos autorais proporciona grande volume de divisas na pauta de exportação dos Estados Unidos, perdendo apenas para a indústria de armamentos. Cinema, música, livros e *software* são negócios essenciais para aquele país. E, como estão estreitamente relacionados com os serviços de comunicação (rádio, televisão, Internet etc.), influenciam também a pauta de discussão da liberalização comercial desses serviços.

Além do valor comercial, os produtos culturais têm um peso fundamental na formação da opinião pública e na imagem que os países projetam internacionalmente.

Não se pode subestimar o empenho dos Estados Unidos na liberalização total do que eles denominam de *entertainment industry*. No dia 27 de março de 2003, a Entertainment Industry Coalition for Free Trade, (EIC), que reúne uma grande quantidade de organizações ligadas ao cinema e à música, divulgou um *press release* relatando reunião que tiveram com o "sub do sub do sub" Robert Zoellick, de quem cito alguns trechos relevantes: 1) "o objetivo da EIC é educar formuladores-chave da política comercial sobre a importância do livre comércio, o impacto econômico positivo das negociações comerciais internacionais no estabelecimento das bases para uma forte proteção da propriedade intelectual"; 2) "os membros da EIC desempenham um papel crítico no crescimento da economia dos Estados Unidos. O último relatório econômico de 2001 confirma que as indústrias da criatividade contribuíram mais para a economia dos Estados Unidos e empregaram mais trabalhadores do que qualquer setor manufatureiro isolado. As exportações das indústrias de *copyright* em 2001 foram estimadas em US$ 88,97 bilhões,[3] ultrapassando todos os maiores setores industriais, inclusive o da química e o de produtos conexos, veículos a motor, equipamentos e peças, aviões e peças de aviões, e o setor agrícola";

---

3. Para termos de comparação, as exportações totais brasileiras em 2003 foram de US$ 73 bilhões e, otimista, o ministro Furlan espera um crescimento de 10% em 2004, o que alcançaria o patamar de US$ 80 bilhões.

3) "vários pontos são vitais para os membros da Coalizão, como o aumento do acesso aos mercados com a eliminação de tarifas para todos os produtos de entretenimento dos Estados Unidos"; e 4) "demonstrar que os acordos comerciais podem ser elaborados para incluir obrigações de abertura do mercado de serviços, ao mesmo tempo que resolvem questões específicas relacionadas com o setor cultural".

Ou seja, os Estados Unidos consideram a questão da produção cultural elemento essencial e integrante das negociações comerciais multilaterais em curso, e o interlocutor desses setores não é um "ministro da cultura", que lá não existe, e sim o czar da política comercial estadunidense, o notório Robert Zoellick.

Essa posição estadunidense se expressa, na prática, com a separação entre "cultura" e "indústrias de entretenimento". No primeiro campo, colocam museus, coleções de arte, ópera e música clássica, folclore e arte popular. Todo o restante – cinema, livros, música, programas de TV e rádio, parques temáticos, espetáculos musicais – faz parte de um subsetor de serviço; são as "indústrias do entretenimento", que, segundo eles, devem ser totalmente liberalizadas.

Em contraposição a essa postura estadunidense é que se desenvolveu a idéia da "exceção cultural", cujo grande defensor é a França e, subsidiariamente, o Canadá.

Esta consiste, fundamentalmente, em não admitir a liberalização de comércio de serviços na área da cultura, pelo reconhecimento da necessidade de que cada país possa manter políticas culturais próprias, particularmente medidas de proteção às respectivas indústrias culturais. Quando se fala nesse assunto, há sempre uma ênfase muito grande nas políticas relacionadas com o setor audiovisual e de multimeios (cinema, televisão, rádio, música), embora se inclua também – particularmente no caso do Canadá – a questão do apoio (por meio de restrição ao ingresso de empresas estrangeiras e subsídios para as empresas locais) à indústria editorial. De qualquer forma, a exceção cultural propõe que se considere que todas as atividades desse gênero, produtoras de "conteúdo", estejam de fora dos processos de liberalização do comércio de bens e serviços realizados no seio da Organização Mundial de Comércio.

O objetivo expresso dessa proteção é o de impedir que a indústria cultural estadunidense e de outros *major players* consolide cada vez mais ou aumente a sua já preponderante posição no âmbito internacional. Como vimos, eles não brincam em serviço.

A exceção cultural é basicamente uma tática defensiva, no âmbito do Gats/OMC. Ao não listar compromissos nessa área nas negociações multilaterais em curso de liberalização, procura-se impedir o avassalador avanço norte-americano.

Há um porém nessa caracterização da exceção como um mecanismo puramente defensivo. A França, por meio da organização da francofonia, procura, de forma clara, estabelecer sua área própria de influência, garantindo mercados para a sua produção audiovisual. Nesse caso, a exceção cultural aparece, em muitas situações, como um tênue véu que disfarça o interesse de conseguir melhores condições para seus produtos culturais na francofonia. Além disso, volta e meia percebe-se a disposição dos franceses de incluir até mesmo itens da produção agrícola na "exceção cultural", em detrimento das exportações dos países em desenvolvimento. Afinal, *roquefort* é cultura.

A defesa da exceção cultural pura e simples, portanto, apresenta vários problemas. Ela pode defender a atual produção cultural dos países que a praticam, mas, em muitos casos, os mercados nacionais são insuficientes para garantir uma produção contínua e estável, principalmente na área do audiovisual. Isso conduz, necessariamente, à exigência de subsídios governamentais em maior grau para que essa produção nacional possa subsistir.

Existe, subjacente à defesa do próprio mercado, a ambição de cada país conquistar parcelas mais significativas de mercados externos para sua própria produção cultural.

Nessas circunstâncias, evidencia-se uma aparente contradição: cada país quer defender o direito de proteger sua produção cultural, mas anseia também por participar do grande bolo do mercado cultural internacional – ou seja, penetrar no mercado dos Estados Unidos. Os produtores – principalmente de audiovisual – também reivindicam recursos públicos para se manterem em atividade, já que, mesmo protegidos, seus mercados não são amplos o suficiente, ou não estão suficientemente estruturados, para que possam se manter sem esse guarda-chuva dos recursos públicos.

No caso brasileiro, esses problemas são visíveis. O cinema nacional não consegue viver sem fortes subsídios públicos, diretos e indiretos. Na área da música, as filiais das gravadoras internacionais se deram conta da importância dos autores e intérpretes locais para a conquista e manutenção do mercado. Entretanto, circunscrevem e selecionam de forma elitista e restritiva as possibilidades de exportação da música brasileira, sujeitando-a a determinações de *market share* de suas matrizes internacionais.[4]

---

[4]. Sem contar, no caso da música, a imensa crise que se instalou no setor com a pirataria de CDs e a troca de arquivos de música pela Internet, combatida – com pouco sucesso – pela associação estadunidense de produtores de discos, que já chegou a processar crianças de 5 anos por conta disso.

No caso da televisão brasileira, constatam-se algumas peculiaridades. Na TV aberta, as empresas nacionais são amplamente dominantes. Importam quantidades significativas de conteúdos estrangeiros (filmes, formatos de programas – como é o caso do Big Brother e outros do gênero –, séries etc.), mas também se constata que os produtos de maior aceitação são os de produção nacional, como é o caso das novelas, programas de variedades e de auditório.

A penetração mais direta da indústria internacional se dá na televisão fechada, a cabo. Nessa área, ainda que haja forte presença nacional na distribuição (a NET é da TV Globo, como sabemos), os canais são majoritariamente de produção estrangeira, fundamentalmente estadunidense.

O setor editorial brasileiro é o que menos depende de proteção. Não apenas o idioma, mas também as características específicas do sistema educacional obrigam que a produção de conteúdos seja essencialmente nacional. As importações de conteúdos, expressas na tradução de autores estrangeiros, são inclusive necessárias para o enriquecimento cultural do país. A importação direta de livros é totalmente irrestrita, imune a impostos por dispositivo constitucional, e atende à parcela de leitores que prefere ler os originais ou depende de informação tecnológica atualizada.

A única área cinza que se configura no setor é a presença crescente de capital estrangeiro na indústria editorial, aspecto visto na seção anterior.

Uma questão mais recente é a apresentada pela Internet, com relação ao controle dos direitos autorais. As associações de editores, músicos e demais produtores de conteúdo sustentam a importância do reconhecimento do direito autoral e da necessidade de licenciamento. Isso gera conflitos, por exemplo, com as empresas de venda de serviços de telecomunicação e provedores de acesso à Internet. Para usar um exemplo simples: uma companhia telefônica tem todo interesse em que os provedores tenham o máximo de conteúdo com acesso livre, produzidos internamente com a reciclagem, sem pagamento de direitos, de conteúdos produzidos por terceiros. É uma nova versão da velha "tesoura *press*" e da "radioescuta" ainda praticada por jornais do interior. Afinal, o serviço de transmissão é pago (uso da linha telefônica ou de serviços de banda larga) e fica mais atraente quanto mais conteúdo tiver para fornecer sem custos adicionais. Essa posição obviamente conta com a simpatia de grande parte dos usuários, que não se dão conta da contradição disso: pagam pelo acesso sem reclamar, mas querem conteúdo de graça, de preferência produzido por artistas, escritores etc. que certamente não comem nem têm contas a pagar e, portanto, não precisam de remuneração...

Essa questão tem sido objeto de amplas discussões no âmbito dos encontros sobre a sociedade de informação. A defesa dos interesses dos países e das populações mais pobres no acesso ao conteúdo – inclusive técnico e científico – faz ver que se trata de um problema real, que precisa ser equacionado com extensas e intensas negociações.

Como meio de defesa da sua produção cultural, a maioria dos países tem adotado mecanismos de exceção cultural. Ou seja, não apresentam listas para discussão de liberalização no âmbito da OMC, mas essa posição é insustentável em longo prazo, já que se limita a dizer "não" e, por isso mesmo, não ajuda na expansão da exportação de produtos culturais provenientes de todos os outros países que não os Estados Unidos (e, em menor grau, a França).

O Brasil, até o momento, não listou nada na OMC como passível de liberalização do comércio internacional de serviços e produtos culturais. Pediu, entretanto, que a França fizesse compromissos no setor audiovisual, como forma de pressão negociadora.

No final de 2001, entretanto, o Brasil apresentou uma proposta para discussão na OMC que tratava especificamente da questão do audiovisual (Documento W/99 do Conselho de Serviços da OMC) – proposta genérica, para discussão de princípios, sem implicar a apresentação de listas para negociação.

Essa proposta, que teve sua redação final feita pelo embaixador Celso Amorim, sustentava que os "países em desenvolvimento" deveriam ter a flexibilidade de não liberalizar seu mercado para produtos e serviços audiovisuais e também pedia que os países desenvolvidos tivessem uma política mais receptiva para a entrada em seus mercados da produção dos países em desenvolvimento.

Esse foi um passo importante em um processo de construção de política no seio do Itamaraty, ainda não terminado, que se propõe a romper o impasse existente entre as duas posições antagônicas na OMC. Segundo o Itamaraty, a proposta despertou amplo interesse entre países em desenvolvimento.

Os quadros do Itamaraty sustentam que é possível negociar um tratado da diversidade cultural, que posteriormente poderia ser colocado como "Reference Paper" no Gats, servindo como baliza para as discussões no interior da OMC. Já existem casos desse tipo no âmbito da OMC. Exemplificando: um país poderia escrever em seus programas de compromissos que se compromete com a totalidade do "Reference Paper" de serviços culturais e, nesse caso, estaria coberto por todos os dispositivos do acordo. Poderia também acionar outro país nos tribunais da OMC, caso este também tivesse se comprometido com o "Reference Paper" e não tivesse cumprido os dispositivos desse tratado da diversidade cultural.

Dessa forma, evitar-se-iam possíveis retaliações no âmbito da OMC para os países que mantivessem políticas específicas na área da cultura, de proteção de seus mercados, já que a liberalização estaria dirigida pelos princípios do tratado da diversidade cultural, instituído como "Reference Paper" no âmbito do Gats.

Paralelamente à iniciativa brasileira, vários países, liderados pela França, elaboraram um esboço do que poderia ser esse instrumento internacional sobre diversidade cultural, apresentado à Unesco na Conferência Geral de outubro de 2003, em Paris. Nessa conferência o diretor-geral foi autorizado a apresentar, na 33ª Assembléia Geral (2005), "um informe preliminar sobre a situação que deve ser regulamentada e o possível alcance dessa regulamentação, assim como um anteprojeto de convenção sobre a proteção da diversidade dos conteúdos culturais e da expressão artística". Em dezembro de 2003 reuniu-se uma comissão de especialistas para iniciar essa "reflexão preliminar" sobre o assunto.

A posição prevalecente entre os países que fizeram a proposta é a de negociar esse tratado da diversidade no âmbito da Unesco, e daí a decisão de apresentar o assunto na Conferência Geral de 2003, o que de fato aconteceu. Dentro desse órgão multilateral, segundo os proponentes, seria mais fácil a sua aprovação. O documento aprovado poderia, então, seguindo a lógica da proposta delineada pelo Brasil, ser usado pelos países para fazer suas ofertas no Gats/OMC.

O problema, definido de maneira muito simples, é que a raiz da questão está no desejo, já mencionado, de proteger mercados nacionais e, ao mesmo tempo, abrir espaços para acesso aos mercados internacionais. Ou seja, trata-se claramente de uma questão que se coloca no âmbito da OMC. O tratado, negociado por especialistas na área da Unesco, serviria como balizador de posições dos países na OMC.

Esta última é constituída precisamente pelos mesmos países que integram a Unesco. Com uma exceção: Estados Unidos. Estes abandonaram a entidade há alguns anos, alegando as mais diversas razões, entre elas a predominância de posições que consideravam como anti-Estados Unidos, excessivamente "terceiro-mundistas" etc. Como sua contribuição é – como em todos os organismos dos sistemas da ONU – a mais importante do orçamento, acharam por bem não gastar dinheiro no que consideravam ser um foro que os tinha como alvo preferencial de críticas.

A eleição do atual diretor-geral da Unesco, Sr. Matsura, do Japão, se realizou com o objetivo de fazer os Estados Unidos voltarem a integrar o órgão, no que teve sucesso.

Se esse tratado da diversidade cultural chegar a ser aprovado e ratificado pelos países membros da Unesco, inclusive os Estados Unidos, poderá ser então incluído no Gats/OMC como "Reference Paper", como uma oferta em bloco de todos os países signatários.

Países como Estados Unidos, França e Canadá estão levando muito a sério o aspecto da integração das questões culturais nas negociações comerciais. Essa percepção, infelizmente, não é ainda muito forte no Brasil, exceção feita no caso das patentes – especialmente de medicamentos –, que configuram uma área específica no âmbito das questões de propriedade intelectual. Assinale-se, entretanto, que o Departamento Cultural do Itamaraty e a Divisão de Serviços, Investimentos e Assuntos Financeiros, também do Ministério das Relações Exteriores (MRE), vêm trabalhando intensamente no assunto. Espera-se que possam sensibilizar os escalões superiores a respeito da necessidade de integração das equipes de negociação comercial com as da área cultural.

Acredito que o Brasil possa construir uma posição que realmente sirva de alternativa às posturas existentes. A construção dessa posição, entretanto, passa por um "acúmulo de forças" em negociações "horizontais" com países do Mercosul e Aladi e alguns países da África e da Ásia que tenham situação estrutural em relação às questões culturais similar à nossa.

É provável que as maiores dificuldades tanto na negociação do tratado da diversidade cultural como em sua incorporação no âmbito da OMC apareçam a partir da dicotomia cultura *versus* entretenimento, criada internacionalmente. Como sempre sói acontecer nas negociações diplomáticas, as palavras e os conceitos são decisivos para que se alcance um resultado aceitável por todos.

Por fim, cabe ressaltar que o êxito no desenvolvimento de uma proposta nessa área está diretamente ligado à construção de políticas culturais integradas internamente e que não se limitem à manutenção de leis de incentivo fiscal para a cultura. Infelizmente, entretanto, não se nota um empenho real do Ministério da Cultura para colocar em pauta essas questões. Se isso fosse feito, entretanto, a discussão sobre políticas culturais sairia do gueto da "questão da cultura" e do reino do simbólico para o terreno muito mais complexo e vital dos acordos multilaterais de comércio, que é onde a questão se coloca para os Estados Unidos. E, se não tivermos muita clareza acerca dessas relações entre cultura e comércio internacional, a diversidade cultural não deixará de ser uma plataforma retórica e correrá o sério risco de virar moeda de troca nas negociações internacionais.

Tecnologias de informação e o acesso ao conhecimento[5]

As tecnologias de informação constituem-se em excelente meio de expandir o acesso ao conhecimento, seja em português, seja em qualquer outro idioma. A rede mundial de computadores registra já vários bilhões de páginas que podem ser acessadas de um computador ligado a um provedor, por linha telefônica comum, por satélite ou por cabo.

Dito desta maneira, parece que o problema se resume a uma questão de tecnologia eletrônica implantada: ter um computador, e que este tenha acesso à rede.

Infelizmente, entretanto, o assunto não é tão simples. A informação só é acessível pelo computador se ela estiver disponível em formato eletrônico. E mais, para isso, a informação necessariamente tem que estar... disponível, ou seja, estar depositada de forma adequada em centros de informação de qualquer tipo.[6] E não acaba por aí.

Além de tudo, o usuário da informação tem que estar capacitado para utilizá-la, o que se dá em dois níveis, pelo menos: no primeiro nível, o usuário deve ser capaz de ler a informação em português; no segundo, o usuário deve ter a capacidade de – ou ter instrumentos para – traduzir para o português ou compreender a informação

---

5. Este texto foi preparado inicialmente para um seminário sobre formas de apoio que o Brasil poderia prestar aos países da Comunidade de Países da Língua Portuguesa (CPLP), realizado em Brasília no Ministério das Relações Exteriores e publicado sob o título "Tecnologias de informação e o acesso ao conhecimento em língua portuguesa", *in* João Batista Cruz, Carlos Henrique e Cardim (orgs.), *CPLP: oportunidades e perspectivas*. Brasília, Funac/Ipri, 2002. Esta versão tem modificações e acréscimos, particularmente no que diz respeito a livro eletrônico e bibliotecas virtuais.
6. Em outro capítulo já se fez referência às questões mais gerais da informação gratuita no meio digital. Aqui as referências se tornam mais específicas e relacionadas com o livro.

em seu idioma original. Claro está que estamos supondo aqui o domínio do português como língua de integração, comunicação operacional.

Passemos em vista, sumariamente, cada um desses problemas, começando pela existência de centros de informação.

As bibliotecas: centros de depósito, classificação e disponibilização de informações

Reduzido ao seu denominador comum, o que chamamos de centro de informação é uma biblioteca, local onde se organizam e depositam livros e documentos. Esta pode ser geral ou especializada, e destinada também a públicos gerais ou a determinadas categorias de consulentes – por exemplo, os membros de determinada instituição ou centro de pesquisa.

As bibliotecas especializadas existentes estão hoje, em sua grande maioria, integradas à Internet. Essa integração se dá, principalmente, pela informatização de seus catálogos. Em alguns casos, já existem processos de digitalização de parte dos acervos, em especial o de obras raras e de textos de domínio público.

Dessa forma, para a elite de pesquisadores, o problema se reduz, efetivamente, à questão da disponibilidade de um computador com *modem* e conectado a um provedor de acesso para que seja possível consultar a informação bibliográfica e, em muitos casos, a própria informação em sua íntegra.

As bibliotecas especializadas já estão disponibilizando *on-line* textos de seus acervos. Isso suscita a discussão sobre os direitos autorais do material que se torna acessível, e esta é uma questão que permeia todo o assunto do acesso à informação disponível *on-line*.

Cabem aqui algumas observações conceituais sobre livro eletrônico e bibliotecas "virtuais", cujas definições têm sua importância no caso de que estamos tratando.

Considera-se livro toda publicação não-periódica, identificável quanto à responsabilidade editorial, produzida ou comercializada de maneira unitária ou parcelada, podendo seu conteúdo ser fixado em qualquer formato ou veículo de uma ou múltiplas bases materiais ou digitais.[7]

O livro eletrônico tem um suporte físico, seja o CD-ROM, seja o *hard-disk* do computador no qual está armazenado. Entretanto, seu acesso passa pela mediação da máquina e é virtual. Ninguém lê diretamente o CD-ROM. O computador é que traduz a linguagem binária na qual os dados foram gravados e permite o acesso virtual ao conteúdo do arquivo. Esse acesso, por sua vez, pode ser feito pelo computador diretamente do CD-ROM ou por mecanismos de acesso a distância, como a Internet.

A diferença essencial – no que diz respeito ao uso do material por um consulente em uma biblioteca pública – reside no fato de que, no caso do livro impresso, é exigida a presença física do consulente ou o registro do empréstimo para consulta e leitura domiciliar. E esse empréstimo é feito com a suposição, em boa-fé, de que o livro não

---

7. Essa definição é a que constava do Anteprojeto de Lei do Livro preparado pela Câmara Setorial do Livro e da Comunicação Gráfica. A chamada Lei do Livro, de iniciativa do senador José Sarney, não acolhe o suporte digital na definição legal de livro aprovada. Entretanto, essa formulação mais abrangente responde de forma mais precisa à realidade do livro eletrônico, já motivando inclusive discussões jurídicas sobre as questões relativas à imunidade constitucional outorgada ao livro.

será copiado. O mesmo não pode ser dito do livro cujo acesso já se faz por meio de uma cópia, o que facilita e mesmo induz a outras cópias eletrônicas, como é o caso do livro eletrônico, *se transmitido* pela Internet.

Isso tem conseqüências. A difusão de textos eletrônicos por uma biblioteca pública *on-line* só será legalmente possível se os detentores do *copyright* tiverem dado essa permissão, de forma onerosa ou não. Caso contrário, a consulta terá que ser feita *in loco* nos meios de leitura eletrônica disponíveis na biblioteca, já que a transmissão pelo espaço cibernético do conteúdo protegido configura uma cópia não autorizada.

Exclui-se disso, obviamente, o conteúdo que já seja de domínio público, respeitadas as restrições concernentes à organização de bancos de dados, que também são protegidos por direito autoral. A biblioteca pública que digitalize e divulgue seu acervo de domínio público está dentro da lei, tal como os voluntários do Projeto Gutenberg que colocam na Internet clássicos da literatura universal de domínio público.

Gerenciamento do uso da informação

Quando uma editora vende – ou cede, como depósito legal – um livro para uma biblioteca pública, está supondo, obviamente, que esse material será consultado, lido e utilizado como fonte de informação. Sua cópia, entretanto, está sujeita às leis que regulamentam o direito autoral. O *fair use* previsto na Convenção de Berna, conforme está expresso nas diferentes legislações nacionais, especifica as condições em que pode ser feita a cópia.

A mais recente legislação brasileira (Lei 9.610, de 19/2/98) exige a licença do autor para cópias extensas.[8] Os escritores e editores brasileiros já organizaram uma associação para o gerenciamento de direitos reprográficos: a Associação Brasileira de Direitos Reprográficos (ABDR), afiliada à International Federation of Reproduction Rights Organisations (IFRRO).

A eventual difusão de textos pela Internet, entretanto, é mais complicada, já que o autor e o editor não disponibilizam simplesmente, como na biblioteca física, uma cópia para *consulta*. Ao permitir o *download* de textos pela rede, a biblioteca estaria cedendo a cópia integral de algo do qual é mera depositária, se este ainda estiver sob proteção legal. Portanto, a difusão desses materiais sem a devida permissão – onerosa ou não – dos detentores dos direitos pode provocar um colapso no sistema internacional de direitos autorais.[9]

---

8. "Art. 29 – Depende de autorização prévia e expressa do autor a utilização da obra, por quaisquer modalidades, tais como: I. a reprodução parcial ou integral".

E, mais adiante:

"Art. 46. Não constitui ofensa aos direitos autorais:

[...]

II – a reprodução, em um só exemplar de pequenos trechos, para uso privado do copista, desde que feita por este, sem intuito de lucro".

9. O mesmo artigo 29 da Lei de Direitos Autorais especifica a proibição, exigindo autorização prévia e expressa do autor para:

"VIII – a utilização, direta ou indireta, da obra literária, artística ou científica, mediante:

[...]

h) emprego de satélites artificiais;

I.I. i) emprego de sistemas ópticos, fios telefônicos ou não, cabos de qualquer tipo e meios de comunicação similares que venham a ser adotados;

[...]

IX – a inclusão em base de dados, o armazenamento em computador, a microfilmagem e as demais formas de arquivamento do gênero;

X – quaisquer outras modalidades de utilização existentes ou que venham a ser inventadas".

O Brasil pode ser um país de leitores?

Esse assunto está sendo objeto de discussões no seio da Organização Mundial de Propriedade Intelectual (Ompi). Em 2001, a Unesco tentou aprovar uma resolução que, de fato, usurpava da Ompi a regulação do direito autoral internacional, ao veicular um projeto de recomendação (31 c/25) na Assembléia Geral, reunida em outubro/novembro daquele ano.

A União Internacional dos Editores alertou seus afiliados, entre os quais a Câmara Brasileira do Livro, que enviou memorial ao Ministério de Relações Exteriores sobre o assunto. A Assembléia Geral não aprovou o texto proposto, recomendando sua reelaboração, considerando as observações feitas pelas associações de editores acerca da importância do resguardo dos direitos autorais.

Essas observações vêm a propósito do equívoco freqüente de se considerar o livre acesso à informação como equivalente ao não-respeito ao direito autoral. Isso, no nosso entendimento, só pode levar ao colapso da produção de informações disponíveis na Internet, com o efeito exatamente inverso ao pretendido por seus advogados.

Os sistemas de gerenciamento de informações *on-line* estão em pleno desenvolvimento. A International Publishers Association – Union Internationale des Éditeurs (IPA-UIE) promoveu, há alguns anos, a criação de um grupo de trabalho entre vários interessados, que resultou na elaboração do protocolo Digital Object Information (DOI), hoje administrado por uma fundação de direito público, constituída internacionalmente.

O DOI consiste, fundamentalmente, em um sistema de identificação de qualquer parcela de informação digitalizada (um livro inteiro, um capítulo, um quadro, uma gravura ou qualquer outro tipo de informação), incrustada eletronicamente no próprio texto e referida a um banco de dados sobre os dados (metadados). Nesses metadados podem ser colocadas instruções específicas para gerenciamento dessa informação, liberando sua cópia – onerosa ou não –, número de *downloads* possíveis e outros instrumentos semelhantes de administração da informação.

Já existem vários sistemas de administração de direitos autorais de objetos digitais que, do ponto de vista de autores e editores, permitem um controle razoável da circulação dessas informações na Internet.

Algumas editoras já avançaram bastante na difusão de conteúdos por meios digitais, e a área de publicações técnico-científicas é a que está mais adiantada nesse sentido.

Nessa área, a rapidez na difusão de informações (técnicas, protocolos médicos, jurisprudência e o conteúdo em geral de revistas científicas) é crucial. As publicações em papel, de periodicidade semestral ou anual, estão tendo seus conteúdos antecipados *on-line*. A Elsevier – editora holandesa que publica o maior número de jornais científicos do mundo – já adotou o procedimento de liberar o conteúdo de artigos *on-line* na medida em que os comitês científicos de cada publicação aceitem o material. A Fundação de Amparo à Pesquisa do Estado de São Paulo (Fapesp) e a Coordenação de Aperfeiçoamento do Pessoal de Ensino Superior (Capes), do MEC, têm contrato de assinatura dessas publicações *on-line* para o sistema de bibliotecas das universidades públicas, por exemplo.

Um ponto que ainda está sujeito a intensa discussão é o dos tradutores automatizados de textos. A tecnologia, nesse campo, ainda é precária. A tradução de textos científicos ou literários é por demais complexa para o estado grosseiro dos logaritmos usados por esses programas automáticos de tradução. É de supor, entretanto, que seja apenas uma questão de tempo até que essa tecnologia se desenvolva a ponto de permitir traduções confiáveis.

Em um mundo cada vez mais internacionalizado, a questão das traduções automáticas assume papel de relevo. Entretanto, cabe mencionar que os autores têm oferecido muita resistência em permitir que seus textos passem por esses processos, por duas razões principalmente: a primeira é a necessidade de garantir a acuidade da informação traduzida, já que o direito moral do autor é inalienável, e existem mesmo eventuais responsabilidades civis e criminais que podem decorrer de uma tradução científica imprecisa; a segunda é a questão dos direitos autorais, na medida em que as convenções internacionais de direito autoral resguardam para o autor ou detentor do *copyright* o direito de autorizar traduções.

Essas são todas questões técnicas e jurídicas que estão sendo objeto de intenso debate nos organismos internacionais. O quadro de referência dado pela última modificação na Convenção de Berna – cujos princípios já foram incorporados na legislação brasileira – é claro no resguardo da proteção dos direitos morais e patrimoniais de autores e editores, mas existem ainda muitas áreas obscuras a serem clareadas e especificadas.

No entanto, como vimos, para as bibliotecas de elite e para o grupo de pesquisadores de elite, o problema já alcançou uma nova dimensão: o da regulamentação da forma de apropriação da informação.

Para a massa de usuários, entretanto, o problema está longe de se colocar dessa maneira. E por uma razão muito simples: o sistema de bibliotecas públicas é extremamente deficiente.

Informação para todos: a tecnologia de base

No Brasil, país de maior população de língua portuguesa, a situação do sistema de bibliotecas públicas é um escândalo. Não há outra palavra para qualificar o estado lamentável a que se reduziu esse instrumento fundamental de acesso à informação.

Nos países africanos de língua portuguesa, pelo que se pode depreender das pesquisas feitas pela Internet, a situação é ainda pior, já que não se nota nenhum esforço para consolidar a idéia de um sistema de bibliotecas públicas.

Portugal, pelo que se pode inferir das informações estatísticas disponíveis, é ainda o país de fala portuguesa que dispõe do sistema de bibliotecas públicas mais desenvolvido em relação ao seu tamanho e à sua população.

O Instituto Português do Livro e das Bibliotecas registra 209 municípios[10] integrados à Rede de Leitura Pública, para um total de 278 municípios do país, ou seja, 75% são atendidos com bibliotecas dimensionadas de acordo com a população, entre 702 m^2 e 1.885 m^2. Para um país com cerca de 15 milhões de habitantes, é um índice muito mais positivo que o brasileiro, por exemplo.[11]

No Brasil, oficialmente, o Ministério da Cultura registra a existência de cerca de 3.200 bibliotecas públicas,[12] como vimos em capítulo anterior. Que se somem a isso mais duzentas bibliotecas dignas

---

10. A unidade administrativa portuguesa é o "conselho". Para simplificar, aqui se usa município.
11. *Site* do Instituto Português do Livro e das Bibliotecas: http://www.iplb.pt.
12. O programa "Uma Biblioteca em cada Município", do MinC, assim como alguns programas estaduais, deve ter alterado esse número. Entretanto, como já assinalado, não existe cadastro confiável das bibliotecas de acesso público no Brasil.

desse nome em universidades e centros de pesquisa, temos uma relação quantitativa extremamente pobre entre a população e o número de bibliotecas.

Não sabemos com certeza o estado dos seus acervos. Sabe-se, entretanto, que são muito pobres. As vicissitudes das políticas governamentais e a ausência de uma política consistente de investimentos em acervos nos levam à certeza de que, no geral, estes são pobres e desatualizados. As bibliotecas atualizadas, dinâmicas e capazes de prestar um bom serviço a seus usuários constituem a proverbial exceção à regra.

As informações são fragmentadas, mas existem alguns parâmetros de comparação. A França, segundo a revista *Lire*, aplica cerca de US$ 2 *per capita*/ano em acervos para bibliotecas. São cerca de US$ 130 milhões por ano, e nos dois anos em que ocorreu a implantação da nova Biblioteca Georges Pompidou, no complexo La Défense, em Paris, esse dispêndio aumentou substancialmente.

Nos Estados Unidos, o mercado editorial movimenta – na ponta das editoras – cerca de US$ 25 bilhões por ano (dado do ano de 2000). Em 1997, o dispêndio com acervos para bibliotecas públicas e escolares foi de cerca de US$ 6 bilhões.[13] No Brasil, no ano de 2000, o Ministério da Cultura comprou cerca de R$ 13 milhões de livros para seu programa "Uma Biblioteca em Cada Município", ou seja, US$ 5,2 milhões no total,[14] ou US$ 0,029 *per capita*.

O Ministério da Educação do Brasil tem um programa muito consistente de aquisição de livros escolares, como já vimos, conheci-

---

13. Segundo a American Librarian Association (ALA).
14. No câmbio da época.

do como Programa Nacional do Livro Didático (PNLD), o qual garante aos alunos do sistema público os livros necessários para o ensino fundamental. Atualmente esse programa está em expansão para o ensino médio e há alguns anos passou a existir o Programa Nacional da Biblioteca na Escola (PNBE). A questão que se coloca, então, é: o que fazer com os jovens que saem da escola e com os milhões de pessoas que já saíram do sistema escolar há tempo e que necessitam de informação, reciclagem e aperfeiçoamento para enfrentar as vicissitudes do mercado do trabalho? Como enfrentar o problema de imensas regiões que estão passando por profundas transformações no seu perfil de emprego e de vocação econômica, e cujas populações precisam de recolocação no trabalho?

Para esses milhões de pessoas, cujas necessidades de informação – lazer e cultura geral – são tão importantes quanto as das elites intelectuais, a resposta é uma só: expansão sistemática e investimento na mais antiga tecnologia de difusão de informação, que é o livro disponível em bibliotecas de acesso público.

Sem isso, só estaremos no Brasil aprofundando o fosso que constitui a famosa metáfora da "Belíndia" – uma parte do país que parece a Bélgica e outra (muito maior) que tem índices de desenvolvimento, nível de vida, acesso à informação, a sistemas de saúde e a oportunidades de emprego iguais aos da Índia.

No âmbito dos países africanos de língua portuguesa, essa tragédia se repete em proporções ainda maiores, posto que a herança colonial recente deixou-os ainda mais desprovidos de infra-estrutura educacional.

Em resumo, o esforço necessário para a construção de uma rede eficaz de bibliotecas públicas, capaz de disseminar a informação, a atualização cultural e o lazer, é uma tarefa que se impõe a todos nós, sob pena de termos o português reduzido a uma "guetificação" (que me perdoem os puristas do idioma) semelhante à que se está impondo ao hindi e ao árabe, idiomas com uma enorme massa de falantes, mas cuja produção literária e científica é periférica ao fluxo de outros idiomas como o inglês, o francês, o alemão e o espanhol. Certamente, o desenvolvimento de um sistema de bibliotecas públicas digno deste nome não é a poção mágica que resolverá todos os nossos problemas, mas temos certeza de que sem isso não deixaremos de ser periféricos.

Como se vê, tecnologia da informação deve entrar na pauta, urgentemente.

A divulgação da literatura infantil brasileira no exterior[1]

A literatura para crianças e jovens é um dos segmentos mais importantes do mercado editorial brasileiro. E não somente pela importância econômica, mas principalmente por ser fundamental para o futuro do mercado editorial pelo seu papel na formação de novas gerações de leitores.

Sabemos que grande parte da leitura é instrumental. Serve para adquirir conhecimentos específicos, seja pelos livros didáticos no início da vida escolar, seja no decorrer da vida, como meio imprescindível para aquisição de novos conhecimentos e atualização profissional. Não é à toa que afirmamos viver em uma sociedade letrada. A leitura de todo tipo de material escrito – principalmente os livros, pelo seu caráter sistematizador – é um componente indispensável da vida moderna.

Para esse bom aproveitamento dos livros durante toda a vida, entretanto, além do aspecto "técnico" do ensinar a ler e escrever, é preciso ir mais além. O bom aproveitamento do texto mais técnico e árido na verdade só é possível em sua integridade se o leitor formou-se, na juventude, como um bom "leitor", no sentido que dão à palavra

---

[1]. Este artigo foi escrito especialmente para uma publicação do Ministério das Relações Exteriores sobre a divulgação do livro brasileiro no exterior. Como aborda questões mais abrangentes e discute sinteticamente a questão de feiras internacionais, decidi incluí-lo nesta publicação.

os pedagogos e especialistas no processo de aprendizagem: aquele que frui prazerosamente a leitura. Essa é condição para que a percepção do significado direto do escrito seja correta, e mais: que as conotações simbólicas e contextuais das quais todos os textos estão prenhes – mesmo os técnicos – possam ser percebidas e assimiladas pelo leitor.

Diante dessa necessidade de formação de leitores conscientes, percebe-se a importância dos livros para crianças e jovens em todo o processo educativo e no futuro do cidadão.

Ademais, a literatura infanto-juvenil cumpre importante papel no processo de socialização e de transmissão de valores culturais. Desde a percepção de cores e formas nos livros sem palavras para as crianças bem pequenas até os que apresentam de forma literária os elementos que constituem a cultura de um povo, os livros para crianças e jovens apresentam a estes características essenciais da variedade e da riqueza cultural que não se consegue mais transmitir simplesmente pela oralidade e pela vivência cotidiana, com tantos e tão diversificados ambientes que conformam a sociedade brasileira de hoje.

Isso faz que esses livros sejam, em sua grande maioria, dificilmente "traduzíveis", por apresentarem contextos muito específicos de cada país, inclusive com a utilização de um vocabulário que permite formas infantis, gírias e formas de tratamento. Obviamente, muitos títulos têm alcance muito mais amplo e mesmo universal. Todos, porém, só são bem-sucedidos na comunicação de seus leitores se, de alguma forma, incorporarem traços da cultura nacional.

A literatura para crianças e jovens produzida no Brasil já tem seu altíssimo nível reconhecido internacionalmente. Duas escritoras brasileiras ganharam o Prêmio Hans Christian Andersen, outorgado pela entidade que reúne as principais agências difusoras da literatura infantil e juvenil do mundo (IBBY): Lygia Bojunga Nunes ganhou o prêmio em 1982 e Ana Maria Machado, mais recentemente, em 2000.

Nesse contexto, a difusão internacional dessa literatura assume características específicas. De alguma forma, devem-se levar em consideração a diversidade e as particularidades, pois a tradução de livros para jovens e crianças só faz sentido como um elemento de transmissão das características de cada povo, fomentando a percepção das diferenças e semelhanças entre os jovens de todo o mundo.

Esse problema de adequação, certamente, não transparece apenas nos casos internacionais. No Brasil, com a diversidade de contextos culturais, a difusão de literaturas que abordam aspectos específicos de cada região também se faz necessária.

Dito isso, o que se tem feito e o que se pode fazer para divulgar nossa literatura para crianças e jovens no exterior?

O principal foro de intercâmbio da área é a Feira de Livros para Crianças e Jovens que acontece anualmente em Bolonha, na Itália. A Câmara Brasileira do Livro, juntamente com a Fundação Nacional para o Livro Infantil e Juvenil, participa regularmente desse evento, com estande próprio, montado com o apoio da Biblioteca Nacional.

A Feira de Bolonha é o foro de troca de experiências, observação de tendências e negociação de direitos autorais. Vários de nossos principais autores e autoras já tiveram direitos para publicação internacional negociados nessa feira. Da mesma forma, editoras brasileiras ali adquirem títulos e séries de seu interesse, além de negociarem edições em co-impressão internacional.

Em todas as outras feiras das quais a Câmara Brasileira do Livro participa, é grande a presença dos livros para crianças e jovens.

Dentre essas feiras, tem-se destacado, mais recentemente, a Feira Internacional do Livro de Guadalajara, no México. Sua importância se dá graças a uma política mexicana que merece muita atenção: pela legislação vigente naquele país, 20% dos livros distribuídos para crianças nas escolas devem ser de autores latino-americanos. O Estado mexicano, portanto, deu um passo à frente na retórica da integração latino-americana, fazendo que seus jovens matriculados nas escolas públicas tenham contato direto com a diversidade cultural do continente por meio dos livros.

A Feira de Guadalajara é um dos momentos principais nos quais os técnicos da Secretaría de Educación Pública (SEP), o Ministério da Educação mexicano, selecionam os livros. No caso de os selecionados serem brasileiros, são traduzidos, com a tradução aprovada pela SEP, comprados em grandes quantidades e distribuídos nas escolas.

Este é um programa único. Não sabemos de programas semelhantes em nenhum outro país, muito embora conheçamos o esforço de várias nações – entre as quais os Estados Unidos – para tornar livros no idioma original acessíveis às comunidades de imigrantes. Nesse sentido, a Feira de Guadalajara proporciona outra oportunidade para os editores brasileiros: a venda para as bibliotecas estadunidenses de cidades com presença significativa de imigrantes brasileiros e portugueses. As bibliotecárias estadunidenses são estimuladas a visitar a Feira de Guadalajara e lá vão com verbas para aquisições, o que é muitíssimo difícil de ver ao sul do Rio Grande...

A qualidade e a diversidade de títulos apresentados pelas editoras brasileiras têm conseguido bons resultados. Do total dos títulos latino-americanos distribuídos aos jovens mexicanos, mais de cem são de autores brasileiros.

| *O Brasil pode ser um país de leitores?* |

O caminho que se vislumbra da experiência mexicana é claro: a difusão da literatura para crianças e jovens no âmbito latino-americano deve fazer parte dos acordos de integração, dentro de um espírito de reciprocidade e de esforço conjunto.

O Itamaraty e os ministérios da Educação e da Cultura podem tomar o mote de fazer que a literatura para crianças e jovens circule de forma efetiva entre os programas educacionais dos países do Mercosul, em primeiro lugar, e depois dos demais países latino-americanos. Todos eles têm, mais ou menos desenvolvidos, programas de difusão desse tipo de literatura dentro de seus sistemas escolares. Se o MEC se dispuser a incluir autores latino-americanos em programas do tipo do PNBE, caberá ao Ministério das Relações Exteriores negociar os termos de reciprocidade, levando em consideração as peculiaridades de cada país.

Um programa desse tipo pode ter – e terá, se efetivado – um tremendo efeito no processo de integração. Não se trata aqui tão-somente de difundir a literatura brasileira, mas de promover o conhecimento recíproco das culturas de cada um dos nossos povos nesse momento tão especial e crucial que é o da formação do leitor na escola.

Para finalizar, cabe uma observação advinda de nossa longa experiência de difusão do livro brasileiro em feiras no exterior, inclusive naquele momento especial que foi o do Brasil como país-tema da Feira do Livro de Frankfurt, em 1994. Essa experiência nos mostra claramente que o livro é um grande abridor de portas para a presença da cultura. E com a cultura vão juntos a boa vontade, o conhecimento recíproco e os negócios em outras áreas. Vale mencionar, nesse sentido, outra experiência de Guadalajara. Quando o Chile foi convidado para ser homenageado na feira, levou uma mostra do país: os livros abriram o caminho para os vinhos, para as frutas, para o conhecimento de tudo que o Chile podia oferecer ao México.

Nós fizemos isso em Frankfurt em 1994. Infelizmente, não se deu continuidade ao trabalho de mostrar o país de forma sistemática. Esperamos até a Feira de Hannover, em 2000, para voltar a mostrar nossa cara aos alemães, quando o certo deveria ser um trabalho mais sistemático e consistente, aproveitando a boa vontade que o livro originou. Tampouco fizemos o mesmo em Guadalajara, em 2001, quando o Brasil foi o país homenageado.

Mas temos esperança. Sempre é possível começar de novo e aproveitar a imensa potencialidade que é dada pela criatividade dos nossos escritores e pelo alto nível técnico de nossa indústria editorial.

Este livro foi impresso em:
Capa: Papelcartão Art Premium 250 g/m²
Miolo: Chamois Fine Dunas 80 g/m²
da Ripasa S/A, fabricado em harmonia com o meio ambiente.

IMPRESSO NA
sumago gráfica editorial ltda
rua itauna, 789 vila maria
02111-031 são paulo sp
telefax 11 **6955 5636**
sumago@terra.com.br